Edward Gibbon

Edw. Gibbons Versuch über das Studium der Litteratur

Edward Gibbon

Edw. Gibbons Versuch über das Studium der Litteratur

ISBN/EAN: 9783743616660

Hergestellt in Europa, USA, Kanada, Australien, Japan

Cover: Foto ©ninafisch / pixelio.de

Weitere Bücher finden Sie auf **www.hansebooks.com**

Edw. Gibbon's
Versuch
über das
Studium der Litteratur

aus dem Französischen übersetzt

von

Johann Joachim Eschenburg,

Hofrath und Professor in Braunschweig.

Hamburg, 1792.
Bei den Gebrüdern Herold.

Vorbericht des Verfassers.

Was ich hier öffentlich bekannt mache, ist ein wahrer Versuch. Gern möcht' ich mich selbst kennen. Meine gute Meinung von mir, und das vortheilhafte Urtheil einiger Freunde, würden mir gar zu günstige Begriffe erwecken, wenn mich mein Apoll, *) jene geheime Stimme, die ich nicht zum Stillschweigen bringen kann, mich nicht oft warnte, nicht allzu sehr auf ihr Lob zu bauen. Muß ich mich darauf einschränken, mit Erkenntlichkeit die Wohlthaten meiner Vorgänger einzusammeln? oder darf ich hoffen, etwas zu dem gemeinen Schatze der Wahrheiten, wenigstens der Ideen, mit beigetragen zu haben. Ich werde das Urtheil der gelehrten Welt, und selbst

---

*) —— Cynthius aurem
    Vellit & admonuit.

selbst ihr Stillschweigen, zu vernehmen suchen, und es nur vernehmen, um mich ihm zu unterwerfen. Keine philippische Reden wider mein Zeitalter! keine Berufungen auf die Nachwelt!

Der Wunsch, mein Lieblingsstudium zu rechtfertigen, das heißt, ein wenig verstellte Eigenliebe, hat folgende Betrachtungen veranlaßt. Ich wollte eine schätzenswerthe Wissenschaft von der Verachtung retten, in die man sie jetzt gar zu leicht gerathen läßt. Freilich liest man noch die Alten; aber man studirt sie nicht mehr. Man widmet ihnen nicht mehr jene Aufmerksamkeit, jenen Vorrath von Kenntnissen, welche Cicero und Bossuet von ihren Lesern fodern. Es giebt noch Männer von Geschmack; aber es giebt wenig Litteratoren; und wenn man weiß, daß die Gelehrten lieber allen Belohnungen, als der Achtung des Publikums entsagen, so wird man sich nicht darüber wundern.

Es ist ein Versuch, ich sag' es noch einmal, es ist keine vollständige Abhandlung, was man hier lesen wird. Ich habe die Litteratur aus einigen Gesichtspunkten betrachtet, die mir auffallend waren. Manche andre sind mir ohne Zweifel entgangen. Einige hab' ich mit Fleiß aus der Acht gelassen. Ich habe mich nicht in die unabsehliche Laufbahn der schönen Künste, noch derjenigen Schönheiten gewagt, welche sie von der Litteratur entlehnen, noch derer, welche sie ihr wiederum ertheilen. Warum bin ich kein Caylus und kein Spence? Dann würd' ich ihrer Verbindung ein immerwährendes Denkmal errichten. Man würde darinn die Bildsäule des olympischen Jupiters aus Homer's Gehirn aufkeimen, und sich unter den Meissel des Phidias schmiegen sehen. Aber ich habe noch nicht gelernt, wie Correggio, zu mir selbst zu sagen: „Auch ich bin „Mahler!" — den 3. Febr. 1759.

Nachdem ich zwei Jahre lang dies kleine Werk, den Zeitvertreib meiner ländlichen Muße, aufbewahrt habe, wag' ich endlich, es herauszugeben. Ich bedarf der Nachsicht des Publikums sowohl gegen die Sachen, als gegen die Sprache. Meine Jugend giebt mir gerechten Anspruch in Rücksicht auf jene, und der Umstand, daß ich ein Fremder bin, in Ansehung dieser. — den 26. April, 1761.

Schreiben des Herrn Maty an den Verfasser.

Eben erhalt ich, mein theuerster Herr und Freund, die von der Presse noch ganz nassen Bogen Ihres Werks. Die gütige Gesinnung, womit Sie mir dieselben mittheilen, ist in mein Herz übergegangen. Fragen Sie mich nicht mehr um mein Urtheil; es kann nicht anders als partheiisch ausfallen.

Aber wird auch das Publikum es mit den Augen eines Freundes betrachten? Dieser Versuch Ihrer Kräfte, dieser glückliche Keim wichtigerer Werke, wird man ihn wohl aufnehmen? wird man ihn mit Schonung beurtheilen? Eine neue Unruhe für einen jungen Schriftsteller! Sie gereicht ihm zur Ehre; sie ist nur ihm erlaubt.

VIII

Der Himmel verhüte, daß Sie so bald dies heilsame Mißtrauen gegen den öffentlichen Beifall verlieren mögen, welches Sie im Stand setzte, ihn zu verdienen! Wenn sie jemals als älterer Schriftsteller sich weniger Mühe geben, so werden Sie es thun, weil Sie sich besser kennen, und Ihre Richter weniger fürchten.

Sollte ich der jungen Schönheit die bescheidne Röthe nehmen wollen, die es macht, daß sie ihre Reize verkennt, und die nicht eher, als mit diesen Reizen selbst, verschwinden wird? Nein, mein Freund, ich beruhige Sie nicht; ich habe vielmehr meine Freude an Ihrer Unruhe; Ihre Tadler werden hervortreten; rüsten Sie sich mit Unerschrockenheit.

Konnten sie sich einbilden, daß man einem jungen Manne, der dazu geboren ist, bei den unruhigen Versammlungen des Senats gegenwärtig zu seyn, und bei der Verti-

tilgung der Verheerer seiner Provinz, daß
man diesem Erörterungen über das zu Gute
halten werde, was man vor zwei tausend
Jahren über die Gottheiten Griechenlandes
und über die ersten Jahrhunderte Roms
dachte? Wie? nicht die geringste Anspie-
lung auf das, was in unsern Tagen vor-
geht? Eine Schrift, worin weder vom
Kriege, noch von der Handlung, die Rede
ist, wo man keine Gränzen vorschreibt,
noch irgend eine Einschränkung oder Erspa-
rung in Vorschlag bringt, wo man dem
Regenten kein Lob, noch seinen Räthen
Lehren ertheilt! — In der That, ich bewundre Sie; aber ich frage Sie auch, was
wird man davon in Hampshire sagen?

Das Griechische sollte man den Schulen und Leuten von geringer Abkunft überlassen; so hat man es vielleicht bei unsern
Nachbarn entschieden; und diese Mode
droht ansteckend zu werden. Ich weiß freilich wohl, daß Paris sich noch nicht durch

einen

einen Grafen Caylus und durch einen Herzog von Nivernois entehrt glaubt, und daß Ihre Insel mit Vergnügen seinen Littelton, seinen Marchmont, Orrery, Bath und Granville rühmt. Aber Sie sind noch jung; und man glaubt, daß die Männer, die ich Ihnen eben genannt habe, noch ein wenig von der alten Welt sind. Ihre Anmerkungen sind gelehrt; aber wer auf dem Newmarket oder in Arthur's Kaffeehause kann sie lesen?

Keine Ordnung! kein Zusammenhang! wird der edle Geometer sagen. Wundern Sie sich darüber nicht; er sieht Sie für einen Ueberläufer an. Sie haben seiner Venus nicht den Schönheitsapfel gegeben; und er beurtheilt ein Werk des Geschmacks nach dem Fuß der euklidischen Anfangsgründe.

Unter Ihren Kunstrichtern seh' ich den Litterator selbst. Ich will nicht sagen, daß Sie denken, und die Mühe des Sammelns ihm

ihm überlassen. Ich habe zu viel Achtung für Sie, um Voltaire'n diesen Einfall zu entwenden. Aber Ihre Noten enthalten keine Berichtigungen schwieriger Stellen. Welchen Vers des Aristophanes haben Sie wiederhergestellt? Auf welche Handschrift berufen Sie sich? Ueberdies sehen Sie einige Gegenstände aus einem neuen oder sonderbaren Gesichtspunkte an. Ihre Zeitrechnung ist die Newtonische; Sie rechtfertigen den Anachronismus Virgil's; Ihre Götter sind nicht die, welche * * * annimmt. Fürchten Sie seine neue Ausgabe; Sie werden einen Platz in seinen Noten erhalten.

Ich werfe Ihnen freilich keine Dunkelheit vor, noch den Tiefsinn einiger Gedanken, auch nicht das Abgebrochne Ihrer Schreibart, oder die Kühnheit Ihrer Figuren. Das Volk der Akademiker wird minder nachsichtig seyn, und keinen unangetastet lassen, der auf sie eine von Ihren Anmer=

merkungen anwenden wollte, und das bescheidne Geständniß jenes römischen Redners, als er in reifern Jahren eine mit Beifall aufgenommene Arbeit seiner Jugend wieder durchlas: Quantis illa clamoribus adolescentuli (er war damals sechs und zwanzig Jahr alt) diximus de supplicio parricidarum? quæ nequaquam satis deferbuisse post aliquanto sentire cœpimus — — — Sunt enim omnia, sicut adolescentis, non tam re & maturitate, quam spe & expectatione, laudata. *)

Das größte Ihrer Verbrechen hab' ich bis zuletzt gespart. Sie sind ein Engländer, und schreiben in der Sprache Ihrer Feinde. Der alte Kato knirscht mit den Zähnen, und in seinem antigallikanischen Club erklärt er sie, das Punschglas in der Hand, für einen Feind des Vaterlandes. „Meine theuersten Freunde, sagt er, un=
„sre Freiheit liegt in letzten Zügen. Jenes
„Volk,

---

*) Cic. Orator. c. 29.

„Volk, über welches wir von jeher trium-
„phirten, gewinnt durch seine List mehr wie-
„der, als ihm unsre Waffen entreissen. Ist
„es nicht genug, daß wir Palatine, Fri-
„seurs und Köche aus Paris haben, daß
„man auf unsrer Insel französische Weine
„trinkt, französische Bücher liest; muß nun
„auch noch, große Götter! in der glänzend-
„sten Periode unsers Ruhms, muß auch
„noch ein Engländer dies unerhörte Beispiel
„geben? muß man auch Französisch schrei-
„ben?"

Und was wollen Sie einem so schweren
Angrif entgegen setzen? Werden Sie da
Vertheidiger finden, wo sie keine Mitschul-
dige haben? Werde ich es wagen dürfen,
meine Stimme zu erheben, ich, der ich bloß
aus Wahl, nicht durch Geburt ein Engländer bin, und nach einem zwanzigjähri-
gen Aufenthalt auf Ihrer Insel meine Sprache nicht so gut, wie mein Herz, habe na-
turalisiren können?

Soll

XIV

Soll ich das sagen, was Plutarch, der sich mit mir fast im gleichem Falle befand, gesagt haben würde: daß nichts unbedeutender sey, als die Weissagung jenes scharfen Censors, Kato, daß das Griechische sein Vaterland verderbe, da es sich doch zum Gipfel des Ruhms und der Macht um eben die Zeit erhob, als die griechische Sprache und Litteratur in demselben am meisten blühte, als dieses Volk, welches so lange es frei war, seine Größe in dem suhte, was allein die wahre Größe eines Volks ausmacht, seine Sprachlehrer, nicht aber seine Feldherren, aus Griechenland kommen ließ, anstatt daß Karthago von dorther seine Soldaten und seine Feldherrn nahm, und die dortige Sprache verbot; *) daß Flaminius, Scipio, Kato selbst — — — Aber, so wie sie, würde ich mit Ihrem Gegner griechisch sprechen; nnd er würde mich nicht verstehen. Auch weiß er nicht, daß Cicero zu Athen sich hatte einweihen

läs-

---

*) Justin. L. XX., c. 5.

laſſen, und daß der Name Cheſterfield ſich in der Namenliſte einer berühmten Akademie in Paris befindet. Er würde darauf ſchwören, daß die Eduarde und Heinriche nie Franzöſiſch geſprochen, oder wenigſtens geleſen hätten; und wenn ich weiter in ihn dränge, würde er vielleicht behaupten, das Friedrich der Große ſchon weit über Voltaire'n hinaus ſeyn würde, wenn er nicht im voltäriſchen Styl die Brandenburgiſchen Denkwürdigkeiten geſchrieben hätte.

Unſtreitig iſt nichts ſchimpflicher, als ſeine Mutterſprache verachten. Aber verachtet man ſie denn ſchon dadurch, daß man jede andre nicht verwirft? Cicero, der die Geſchichte ſeines Konſulats griechiſch ſchrieb, zog alſo dieſe Sprache vor; er, dem nie ein andrer Schriftſteller in ſeiner Landesſprache gleich kann, der dieſe, vielleicht aus Vorurtheil, für weit reicher hielt, als die

grie=

griechische *) und der, wenn er sie nicht wirklich reicher machte, doch die Gränzen ihrer Herrschaft weiter ausbreitete, als Cäsar die Gränzen des römischen Reichs.

Wenn es wahr wäre, daß das unverträgliche Genie verschiedner Sprachen den, der sie mit einander verträglich machen will, daran verhinderte, in irgend einer sich auszuzeichnen; so würde man ohne Zweifel Unrecht haben, wenn man sich der Gefahr aussetzte, die Reinigkeit der Sprache, welche uns natürlich ist, zu verfälschen, ohne daß man sich schmeicheln könnte, in derjenigen glücklich zu seyn, die es nicht ist. Aber die Erfahrung hat bisher diese vorgebliche Besorgniß solch einer Vermischung im geringsten nicht bestätigt. Nie schrieben die Römer besser Latein, als nach der Besuchung der griechischen Schulen. Die Schrift des Cicero, deren ich vorhin erwähnte, hat uns wahrscheinlich die lateinischen Meisterstücke

---

*) de Finib. L, III.

stücke des Sallust verschafft, und ohne die Geschichte Polyb's, welche jener Held selbst durchsah, der sein Schüler gewesen war, würden wir vielleicht nie weder einen Livius noch Tacitus erhalten haben.

Jede sich selbst genügende Sprache ist beschränkt. Die Ihrige hat sich mehr, als irgend eine, durch Borgen bereichert. Sollt' es unmöglich seyn, sie durch Hülfe des Italiänischen noch sanfter, durch Hülfe des Deutschen noch vielbefassender, und vermittelst des Französischen noch genauer und regelmäßiger zu machen? Gleich jenen Teichen, deren Wasser durch die Mischung und Bewegung dessen, welches sie von benachbarten Flüssen erhalten, noch klärer und reiner wird, erhalten sich die neuern Sprachen bloß durch ihre Mittheilung, und, so zu reden, durch ihr Gegeneinanderstoßen, lebendig.

Nein, von dem Schriftsteller, der sich übt, in einer ausländischen Sprache richtig

und

und rein zu schreiben, hat die seinige keine nachtheilige Veränbrungen zu fürchten. Der Grad der Vollkommenheit, welche sie erreichen kann, ist sein Ziel, und die Sprachähnlichkeit seine Regel. Er kennt den Reichthum seiner Sprache zu sehr, um sie mit unnütz verpflanzten Worten zu überladen. Er hat ihren Charakter studirt, und erlaubt sich keine gezwungene Wortfügungen unter dem Vorwande, sich lesbarer zu machen. Selbst gegen ihren Eigensinn hat er Achtung, weiß, daß ein langer Gebrauch große Schonung verlangt, und daß sich der vernünftige Mann nie sehr, und selten zuerst, von andern unterscheidet.

Wer sind also die wahren Sprachverderber? Es sind jene schönen Geister, die, aus Mangel an neuen Ideen, nichts weiter haben, um sich auszuzeichnen, als ihr neologisches Geschwätz, jene jungen Reisenden, die aus Paris, worin sie sich nicht einmal gehörig umgesehen haben, die Mode-
aus-

ausdrücke, die sie nicht recht faßten, mitbringen und in Umlauf setzen, und läppischer noch, als beide, sind jene Halbgelehrte, die ihren paradoxen Meinungen ein Ansehen, und ihrer Schreibart Mannigfaltigkeit zu geben glauben, wenn sie barbarische Synonymen einführen, wovon ihnen ihr Wörterbuch, vielleicht nach vieler Mühe, die Bedeutung nachgewiesen hat.

Selten bringt es ein Ausländer dahin, in einer fremden Sprache so zu schreiben, daß man ihn nicht für einen Ausländer erkennt. Aber darf er es denn nicht seyn? Lukullus hätte der Mühe überhoben seyn können, nach Latinismen zu haschen, aus Furcht, für einen Griechen gehalten zu werden; und ich glaube nicht, daß Sie sich anmaßen werden, leichter für einen Engländer, als Lukullus für einen Römer erkannt zu werden. Aber eben dies ist es auch, was Ihnen in den Augen eines Franzosen ein neues Verdienst verschaffen wird.

Er wird ein Wort, eine Wendung bemerken, die seiner Sprache fremd sind; und vielleicht möchte er wünschen, daß sie es nicht wären. Jene lebhaften Züge, jene kühne Figuren, jene Aufopferung der Regel fürs Gefühl, und des Wohlklang für den Nachdruck, werden ihm eine originale Nation charakterisiren, welche studirt zu werden verdient, und immer dabei gewinnt, wenn man sie studirt. Das Individuelle wird ihm nicht entgehen; und er wird das zu unterscheiden wissen, was Sie Ihrer Insel zu danken haben, und das, was sie Ihnen zu danken hat.

Wenn man nur eine einzige Sprache versteht, so kennt man die fremden Schriftsteller aus Uebersetzungen. Aber sind diese hinreichend, um jene richtig zu beurtheilen? Ich werde doch wohl keine Satire auf diejenigen machen, die sich der schweren Arbeit des Uebersetzens unterziehen, wenn ich behaupte, daß es noch ihr kleinster Fehler ist, uns um den nationalen und persönlichen Charakter ihrer Schriftsteller zu bringen. O! warum haben diese Schriftsteller nicht
selbst,

selbst, wenn gleich schlecht, in einer andern Sprache geschrieben? Mein Ausdruck begleitet allemal meinen Gedanken. Ihr, die ihr mich übersetzt, fühlt ihr gerade das, was ich gefühlt habe? Montaigne würde noch immer Montaigne seyn, wenn er selbst der englische Koch seiner Versuche gewesen wäre; und ich würde ein Buch von Milton's Paradiese, von Milton selbst französisch oder italiänisch geschrieben, zwanzigmal höher schätzen, als die zierlichen Uebersetzungen einer du Boccage und eines Rolli.

Sollten sich in Ihrem so glücklich isolirten Lande einige Personen, eifersüchtig auf die Allgemeinheit, welche sich die französische Sprache auf dem festen Lande erworben hat, darüber beschweren, daß Sie den letzten Damm durchbrachen, der sich noch der Ueberschwemmung entgegensetzte; so mögen sie mir es erlauben, daß ich es für kein großes Unglück halte, wenn eine gemeinschaftliche Sprache die europäischen Staaten immer näher verbindet, den Ministern ihre Verabredungen erleichtert, die Länge der

Unterhaltungen und die Zweideutigkeiten der Verträge verhindert, den Frieden wünschenswerth, dauerhafter und schätzbarer macht. Der erste Schritt zur Eintracht ist der, daß man sich mit einander verständigt.

Sie, mein Herr, haben jetzt ein grosses Beispiel gegeben. Mitten im glücklichen Erfolge Ihrer Waffen ehren Sie die Wissenschaften Ihrer Feinde. Dieser letztere Triumph ist der edelste. Möchte er allgemein und gegenseitig werden! und möchte die Zeit kommen, wo die verschiednen Völker, zerstreute Glieder Einer Familie, sich über die einseitigen Abzeichen eines Engländers, Franzosen, Deutschen und Russen hinwegsetzten, um es zu verdienen, Menschen zu heissen.

Ich habe die Ehre, mit Gesinnungen, die von keinem Himmelsstrich, noch Zeitalter abhängen, zu seyn, u. s. w.

M. Maty.

Aus dem Brittischen Museum,
den 16. Jun. 1761.

Vorbericht des Uebersetzers.

Schon vor einigen Jahren veranlaßte mich der Werth und die ziemliche Seltenheit dieses Versuchs, und der entschiedene Ruhm, den sich der Verfasser desselben als Geschichtschreiber erworben hat, ihn zu übersetzen. Die Urschrift erschien im J. 1761 zu London in französischer Sprache, mit einer kurzen englischen Zuschrift des Verfassers an seinen Vater, und mit einem kurzen Vorberichte, worin jener seine Abhandlung für einen bloßen Versuch erklärt, den er schon zu Anfange des Jahrs 1759 vollendet hatte. Der Wunsch, sein Lieblingsstudium zu rechtfertigen, das heißt, eine etwas verschleierte Selbstliebe, gab ihm, wie er sagt, zu den Betrachtungen Anlaß, welche dieser Aufsatz enthält. Er wollte dadurch eine schätzbare Gattung von Kenntnissen von der ihr oft widerfahrenden Verachtung retten. Es ist wahr, fährt er fort, man liest die Alten noch immer; aber man studirt sie nicht mehr. Man widmet ihnen nicht jenen Grad von Aufmerksamkeit, man bringt dazu nicht jenen Vorrath von Kenntnissen mit, welche Cicero und Bossuet von den Lesern der alten Schriftsteller fodern.

Es

Es giebt immer noch Leute von Geschmack; aber es sind darunter nur wenig Litteratoren; und wer es weiß, daß die Gelehrten eher die Belohnung als die Hochachtung des Publikums entbehren können, wird sich nicht darüber wundern.

Der Verfasser sieht im gegenwärtigen Versuche die Literatur aus denen Gesichtspunkten an, die ihm am meisten auffielen; manche andre Gesichtspunkte entgingen ihm vielleicht; manche fand er seinem Zwecke nicht gemäß. Auf den großen Einfluß der schönen Künste auf die Literatur ließ er sich mit Fleiß nicht ein, weil er sich nicht die Einsichten eines Caylus und Spence zutraute.

In England fand dieser Versuch gleich bei seiner Erscheinung eine günstige Aufnahme; nur befremdete sein französches Gewand; und ein paar Jahre nachher übersetzte man ihn ins Englische.

Dieser deutschen Uebersetzung Anmerkungen, Erörterungen und Zusätze beizufügen fand ihr Urheber nicht rathsam, weil es ihm mehr nur um die größere Verbreitung dieser Schrift, und des vielen Nützlichen, das sie enthält, als um Erschöpfung ihres Inhalts, zu thun war.

Eschenburg.

Versuch
über das
Studium der Literatur.

I.

Die Geschichte der Staaten erzählt das Elend der Menschen. Die Geschichte der Wissenschaften erzählt ihr Glück und ihre Größe. Wenn tausenderlei Rücksichten das Studium dieser letztern Art in den Augen des Philosophen schätzbar machen müssen; so muß diese Betrachtung es jedem Freunde der Menschheit ungemein empfehlen.

II. Wie sehr möcht' ich wünschen, daß eine so erfreuliche Wahrheit durchaus keine Ausnahme litte! Leider! aber bringt der Mensch nur allzu oft in das einsame Zimmer des Gelehrten mit ein. Auch noch in dieser Zuflucht der Weisheit wird er von Vorurtheilen irre geleitet, von Leidenschaften gepeinigt, durch Schwächen herab gewürdigt.

Die Herrschaft der Mode gründet sich auf der Menschen Unbestand; eine Herrschaft, deren

ren Ursprung so geringfügig ist, und deren Folgen so traurig sind! Der Gelehrte wagt es nicht, ihr Joch abzuschütteln; und wenn sein Nachdenken seine Unterjochung verzögert, so wird diese eben dadurch desto schimpflicher.

In allen Ländern, zu allen Zeiten, erwarb sich irgend eine Wissenschaft gewisse, oft ungerechte, Vorzüge, indeß die übrigen gelehrten Bemühungen eben so unverdient vernachläßigt wurden. Die Metaphysik und die Dialektik unter den Nachfolgern Alexanders; *) die Politik

---

*) Damals war das Zeitalter der philosophischen Sekten, welche für die Systeme ihrer Stifter mit aller Streitsucht der Theologen fochten.

Aus dem Hange zu Systemen entsteht nothwendig der Hang zu allgemeinen Grundsätzen; und dieser verleitet gewöhnlich zur Verachtung einzelner Kenntnisse.

„Die Systemsucht, sagt Herr Freret, die sich „des menschlichen Geistes nach den Zeiten des Ari= „stoteles bemächtigte, war Schuld daran, daß „die Griechen das Studium der Natur verabsäum= „ten, und daß der Fortgang ihrer philosophischen „Entdeckungen gehemmt wurde. Die strengern „Wissenschaften, Geometrie, Astronomie und „ächte Philosophie, verloren sich fast ganz. Man „dachte nun nicht weiter auf die Erwerbung neuer „Kenntnisse, sondern bloß darauf, die ältern an= „zuordnen und mit einander zu verbinden, um

„Lehr=

litik und die Redekunst im römischen Freistaate; Geschichte und Poesie unter der Regierung August's; Sprachstudium und Rechtskunde im Mittelalter; die scholast'sche Philosophie im dreizehnten Jahrhunderte; die schönen Wissenschaften bis zu den Tagen unsrer Väter, waren, der Reihe nach, bald ein Gegenstand der menschlichen Bewunderung, und bald der Verachtung. Naturlehre und Mathematik sind jetzt auf dem Thron. Sie sehen alle ihre Schwestern vor sich hin in den Staub gestreckt, an ihren Siegswagen gefesselt, oder aufs höchste geschäftig, ihren Triumph noch glänzender zu machen. Vielleicht, daß auch ihr Fall nicht fern mehr ist.

Es wäre der Mühe werth, daß ein Mann von Einsicht dem Gange dieser Revolution in den

„Lehrgebäude daraus zu bilden. Und hieraus
„entstanden alle die verschiednen Sekten. Die
„besten Köpfe verschwendeten ihre Kräfte durch
„die Abstraktionen einer dunkeln Metaphysik, wo
„sehr oft leere Wörter die Stelle der Sachkennt-
„nisse vertraten; und die Dialektik, welche Ari-
„stoteles das Werkzeug unsers Verstandes nann-
„te, wurde für seine Schüler der vornehmste und
„fast einzige Gegenstand ihres Fleißes. Man
„wandte sein ganzes Leben auf das Studium des
„Vernünftelns; und vernünftelte über lauter ein-
„gebildete Dinge, ohne gründlich zu denken.„
Mem. de l'Acad. des B. L. T. VI. p. 150.

den Religionen, Regierungsarten und Sitten nachspürte, welche nach einander die Menschen irre geführt, unterdrückt und verderbt haben. Er müßte sich wohl hüten, ein System zu suchen, aber auch noch mehr hüten, es zu vermeiden.

III. Wären die Griechen nicht Sklaven gewesen, so würden die Lateiner noch immer Barbaren geblieben seyn. Konstantinopel fiel unter dem Schwerte Mahomets. Die Mediceer nahmen die verlassenen Musen auf; sie ermunterten die Wissenschaften. Erasmus that noch mehr; er widmete sich ihnen. Homer und Cicero drangen in Länder ein, welche Alexander nicht kannte, welche den Römer unbezwinglich waren. Jene Jahrhunderte fanden es schön, die Alten zu studiren und zu bewundern; *) das unsrige glaubt, es sey leichter, sie nicht zu kennen, und sie zu verachten. Sie haben, glaub' ich, beide Recht. Der Krie-

---

*) Man schlage die lateinische Bibliothek des Fabricius, des besten unter allen gelehrtern Kompilatoren, auf; so wird man sehen, daß innerhalb vierzig Jahren nach Erfindung der Buchdruckerei fast alle lateinische Schriftsteller, und manche sogar mehr als Einmal, gedruckt wurden. Der Geschmack der Herausgeber war freilich nicht so groß, als ihr Fleiß. Die Schriftsteller der Kaiserhistorie erschienen früher, als Titus Livius; und Aulus Gellius eher, als man an Virgil dachte.

Krieger las sie in seinem Gezelte. Der Staatsmann studirte sie in seinem Kabinet. Selbst das schöne Geschlecht, welches sich mit den Grazien begnügte, und uns die Einsichten überläßt, verschönerte sich das Muster einer Delia, und wünschte in ihrem Liebhaber einen Tibull zu finden. Elisabeth — dieser Name sagt für ten Kenner alles — lernte aus dem Herodot, die Rechte der Menschheit wider einen neuen Xerxes vertheidigen, und nach geendigten Schlachten sah sie sich durch den Aeschylus unter dem Namen der salaminischen Sieger besungen. *)

Wenn

---

*) Aeschylus schrieb ein Trauerspiel, die Perser, worin er mit den stärksten Farben den Ruhm der Griechen und die Bestürzung der Perser nach der salaminischen Schlacht schilderte.

Ueber die Königin Elisabeth sagt der Präsident Henault: „Diese Fürstin war gelehrt. Als „sie einmal sich mit Calignon unterredete, der in „der Folge Kanzler von Navarra wurde, zeigte „sie eine von ihr verfertigte lateinische Uebersetzung „zung von einigen Trauerspielen des Sopho„kles und von zwei Reden des Demosthenes. „Sie erlaubte ihm die Abschrift eines von ihr verfertigten „fertigten griechischen Sinngedichts, und fragte „ihn um seine Meinung über die Stellen im Ly„kophron, die sie damals unter Händen hatte, „und zu übersetzen Willens war." Abregè Chronol. Par. 1752. 4. p. 397.

Wenn Christine die Wissenschaften der Regierung eines Staats vorzog; so mag freilich der Politiker sie verachten, der Philosoph muß sie tadeln, aber dem Gelehrten wird ihr Andenken theuer seyn. Diese Königin studirte die Alten, und schätzte ihre Ausleger. Sie ehrte den Salmasius, der weder die Bewunderung seiner Zeitgenossen, noch die Verachtung verdiente, welche wir ihm recht geflissentlich zu bezeugen suchen.

IV. Unstreitig trieb sie die Bewunderung dieser Gelehrten zu weit. Ich bin oft ihr Vertheidiger, nie aber ihr Verehrer gewesen, und gestehe gern, daß ihre Sitten sehr ungeschliffen, und ihre Arbeiten zuweilen geringfügig waren; daß ihr Verstand, in pedantischer Gelehrsamkeit erstickt, das erklärte, was man empfinden mußte, und zusammenraffte, anstatt zu denken. Man war aufgeklärt genug, um den Nutzen ihrer Forschungen einzusehen; aber man war weder billig noch fein genug, um zu fühlen, daß sie von der Fackel der Philosophie hätten erleuchtet werden sollen.

V. Das Licht brach hervor. Descartes war kein eigentlicher Gelehrter; aber die schönen Wissenschaften haben ihm viel zu danken. Ein aufgeklärter Philosoph *) erbte seine Metho-

---

*) Le Clerc, in seiner trefflichen Ars Critica, und in mehrern andern Werken.

thode, und ergründete die wahren Grundſätze der Kritik. Le Boſſu, Boileau, Rapin, Brumoy, machten die Welt mit dem Werth der Schätze, die ſie beſaß, beſſer bekannt. Eine von denen gelehrten Geſellſchaften, wodurch Ludwig XIV. unſterblicher geworden iſt, als durch ſeinen oft verderblichen Ehrgeiz, fieng ſchon jene Unterſuchungen an, welche Scharfſinn, Anmuth und Gelehrſamkeit mit einander verbinden. Hier ſieht man ſo manche Entdeckungen, und — was faſt eben ſo viel als Entdeckungen werth iſt — eine beſcheidene und gelehrte Unwiſſenheit.

Dächten die Menſchen eben ſo vernünftig, wenn ſie handeln, als wenn ſie etwas vortragen, ſo wären die ſchönen Wiſſenſchaften ein Gegenſtand der Bewunderung des großen Haufens, und der Hochachtung der Weiſen geworden.

VI. Mit dieſem Zeitpunkte hebt ſich ihr Verfall an. Le Clerc, dem die Wiſſenſchaften und die Freiheit ſo viel zu verdanken haben, klagte ſchon vor mehr als neunzig Jahren darüber. Aber der berüchtigte Streit über die Alten und Neuern verſetzte ihnen den tödtlichen Stoß. Nie war eine Fehde auf beiden Seiten ſo ungleich. Die ſtrenge Logik eines Terraſſon; die geſchmeidige Philoſophie eines Fontenel, tenelle; die schöne und glückliche Schreibart des la Motte; der leichte Scherz eines St. Hyacinthe, bestrebten sich um die Wette, den Homer bis zu Chapelain herabzusetzen. Ihre Gegner stellten ihnen nichts entgegen, als Liebe zu Kleinigkeiten, und gewisse sonderbare Ansprüche auf natürliche Ueberlegenheit der Alten, Vorurtheile, Schmähungen und Citationen. Alles Lächerliche fiel auf sie. Etwas davon fiel dann freilich auch auf die Alten, deren Vorzüge sie vertheidigten; und bei jener liebenswürdigen Nation, die, ohne es zu wissen, den Grundsatz des Lords Shaftesbury angenommen hat, unterscheidet man Unrecht und Lächerlichkeit nicht.

Seit dieser Zeit wundern sich unsre Philosophen, daß es Leute giebt, die ihr ganzes Leben damit zubringen konnten, Thatsachen und Wörter zu sammeln, und sich das Gedächtniß zu überladen, anstatt den Verstand aufzuklären. Unsre schönen Geister sahen es ein, wie viel Vortheil ihnen die Unwissenheit ihrer Leser schaffte. Sie verachteten die Alten, und die, welche sich noch damit abgaben, sie zu studiren. *)

VII.

*) Man hat diesem Studium den Namen der schönen Wissenschaften entzogen, den sie so lange als ein
Vor-

VII. Gern möcht' ich dieß Gemählde mit einigen Betrachtungen über den wahren Werth der schönen Literatur begleiten.

Die Beispiele großer Männer beweisen nichts. Ehe Cassini den Lauf der Planeten in Ordnung brachte, glaubte er darin das Schicksal der Menschen zu lesen. *) Wenn es ihrer indeß Vorrecht behauptet hatten, und sie dafür Gelehrsamkeit genannt. Aus unserm Literatoren sind Gelehrte (Erudits) geworden. Der Abt Massieu erklärte im Jahr 1721., in seiner Vorrede zu Tourell's Werken das französische Wort Erudits für neologisch. Würde er jetzt anders urtheilen? Einem Ausländer gebührt es nicht, hierüber zu entscheiden. Ich kenne alle die Rechte großer Schriftsteller über die Sprache; aber ich wünschte doch, daß man jetzt, da man eingestanden hat, daß ein solcher Erudit Geschmack, Scharfblick und Feinheit des Verstandes haben kann, sich nicht mehr dieses Ausdrucks bedienen möchte, um einen sclavischen Bewundrer der Alten zu bezeichnen, der desto blinder ist, weil er an ihnen alles gesehen hat, nur nicht ihre Reize und ihre Schönheiten. Man vergleiche hierüber D'Alembert's Artikel *Erudition* in der französischen Encyklopädie, und seine vorläufige Abhandlung vor derselben; auch Fontenelle, in seiner Digression über die Alten und Neuern, und an mehrern Stellen seiner Schriften.

*) S. Fontenelle's Lobschrift auf ihn, und Voltaire's Werke, Genf. Ausg. T. XVII., p. 79.

indeß eine große Menge giebt, so erregen sie schon vor angestellter Prüfung ein günstiges Vorurtheil, und nach gehaltner Probe dienen sie zur Bestätigung. Man sieht leicht ein, daß ein zum Denken aufgelegtes Genie, eine lebhafte und glänzende Einbildungskraft, wenig Geschmack an einer bloßen Gedächtnißwissenschaft finden können. Von allen den grossen Männern, denen die Welt ihre Erleuchtung verdankt, haben viele sich auf die schöne Literatur gelegt; viele haben sich in ihr hervorgethan; keiner, oder doch fast keiner, hat sie verachtet. Das ganze Alterthum zeigte sich ohne Schleier den Augen eines Grotius; durch das Licht desselben erleuchtet, enträthselte er die heiligen Orakel; bekämpfte er Unwissenheit und Aberglauben; verringerte er die Schreckniße des Krieges. Wenn Descartes, ganz der Philosophie ergeben, alles nicht dahin führende Studium verachtete; so hielt dagegen ein Newton es nicht für Schande, ein Lehrgebäude der Zeitrechnung aufzuführen, *) welches Anhänger und viele Bewunderer fand. Gassendi, der beste Philosoph unter den Gelehrten, und der beste Gelehrte unter den Philosophen erklärte

---

*) Newton verbesserte die gemeine Zeitrechnung, und fand darin Irrthümer von fünf bis sechs hundert Jahren. Man sehe meine kritischen Anmerkungen über diese Chronologie.

klärte den Epikur als Kunstrichter, und vertheidigte ihn als Naturforscher. Leibnitz gieng von seinen tiefen und weitläuftigen historischen Untersuchungen zu der Lehre vom Unendlichkleinen über. Wäre seine Ausgabe des Marcianus Capella erschienen; so hätte sein Beispiel die Sprachgelehrten gerechtfertigt, und seine Einsichten hätten sie erleuchtet. *) Bayle's Wörterbuch bleibt ein unsterbliches Denkmal von der Stärke und Fruchtbarkeit einer mit dem Genie vereinten Literatur.

VIII. Achten wir auch nur auf diejenigen, welche fast allen ihren Fleiß der Literatur widmeten; so werden wahre Kenner allemal den scharfsinnigen und ausgebreiteten Verstand eines Erasmus auszeichnen und schätzen; die Genauigkeit eines Casaubonus und Gerhard Vossius; die Lebhaftigkeit eines Justus Lipsius; den Geschmack, die Feinheit eines Tanaquil Faber; die vielen Kenntnisse und die Fruchtbarkeit eines Isaak Vossius; den kühnen Tiefblick eines Bentley; die Annehmlichkeit eines Massieu und Fraguier; die gründliche und einsichtvolle Kritik eines Sallier; den eindringlichen philosophischen Geist eines le Clerc und

---

*) Vergl. Leibnitzens Leben von Neufville, vor seiner Theodicee.

und Freret. Sie werden diese großen Männer nicht mit bloßen Kompilatoren, einen Gruter, Salmasius und Masson, und so vielen andern verwechseln; Männer, die nie unsre Bewunderung verdienen, die selten unsern Geschmack rege machen, und die nur zuweilen unsre Achtung fodern können.

IX. Die alten Schriftsteller haben Muster für diejenigen hinterlassen, die in ihre Fußstapfen zu treten wagen; und eine Lektüre für andre, woraus sie die Grundsätze des guten Geschmacks schöpfen, und ihre Nebenstunden durch das Studium dieser schätzbaren Geisteswerke ausfüllen können, wo sich die Wahrheit nie anders zeigt, als durch die Schätze der Einbildungskraft verschönert. Dichter und Redner müssen die Natur schildern. Die ganze Welt kann ihnen Farben dazu darbieten; aber unter dieser unermeßlichen Mannichfaltigkeit kann man doch die Bilder unter drei Klassen bringen, deren sie sich bedienen: den Menschen, die Natur, und die Kunst. Die Bilder der ersten Art, das Gemählde des Menschen, seiner Größe, seiner Kleinheit, seiner Leidenschaften, seiner Veränderungen, sind die, welche einen Schriftsteller am sichersten zur Unsterblichkeit führen. So oft man den Euripides oder Terenz ließt, entdeckt man darin neue Schönheiten. Indeß haben diese Dichter weder der oft fehlerhaften

Bear-

Bearbeitung ihrer Stücke, noch den versteckten Feinheiten ihrer Simplicität, ihren Ruhm zu danken. Das Herz erkennt sich in ihren wahren und naiven Gemählden; und erkennt sich darin mit Vergnügen.

Die Natur, so groß auch ihr Umfang ist, hat doch den Dichtern wenig Bilder geliefert. Eingeschränkt durch ihren Gegenstand, oder durch das Vorurtheil der Menschen, sich bloß an ihre Aussenseite zu halten, schilderten die Dichter bloß denn allmähligen Wechsel der Jahreszeiten; ein vom Sturme tobendes Meer; die Weste des Frühlings, welche Freude und Liebe athmen. Eine kleine Anzahl dichtrischer Köpfe mußte diese Gemählde gar bald erschöpfen.

X. Es blieb ihnen noch die Kunst. Unter dieser verstehe ich alles, wodurch die Menschen die Natur geschmückt oder verunstaltet haben, die Religionen, Regierungsformen und Gebräuche. Dieser haben sie sich sämmtlich bedient; und man muß gestehen, daß sie alle recht daran gethan haben. Ihre Mitbürger und ihre Zeitgenossen verstanden sie ohne Mühe, und lasen sie mit Vergnügen. Gern fanden sie in den Werken grosser Männer ihrer Nation alles das wieder, wodurch ihre Voreltern ehrwürdig geworden waren; alles, was sie heilig hielten; alles, was sie als nützlich ausübten.

XI.

XI. Die Sitten des Alterthums waren der Poesie günstiger, als die unsrigen; und daraus läßt sich mit vielem Grunde schliessen, daß sie uns darin übertroffen haben.

Je mehr die Künste zur Vollkommenheit gediehen, desto einfacher wurden ihre Wirkungsmittel. Im Kriege, in der Staatskunst, in der Religion, sind allemal die größten Wirkungen aus den einfachsten Ursachen entstanden. Ohne Zweifel verstanden sich ein Moriz von Sachsen und ein Herzog von Cumberland besser auf die Kriegskunst, als Ajax und Achill: *)

> So groß erschienen am Skamanderfluß,
> Vor der berühmten Stadt, die Pyrrhus einst
> In Asche legte, jene Helden nicht;
> Herab vom Wagen fochten sie verwirrt,
> Und drangen blindlings ein.

Und findet man dennoch wohl in den Schlachtgemählden des französischen Dichters so viel Man-

---

*) Tels ne parurent point aux rives du Scamandre
Sous ces murs tant vantés que Pirrhus mit en cendre.
Ces antiques héros qui montés fur un char
Combattoient en defordre & marchoient au hazard.

VOLTAIRE, dans le Poeme fur la bataille de Fontenoy.

Mannichfaltigkeit als in den Homerischen? Sind seine Helden eben so interessant, als diese? Alle jene Zweikämpfe der Heerführer; alle die langen Reden an die Sterbenden; alle die unerwarteten Gefechte, beweisen die Kindheit der Kunst; aber sie geben doch auch dem Dichter Anlaß, uns mit seinen Helden bekannt zu machen, und uns für ihr Schicksal zu interessiren. Zu unsern Zeiten sind die Kriegsheere große Maschinen, die der Hauch des Feldherrn in Bewegung setzt. Die Muse läßt sich ungern auf eine Beschreibung ihrer Wirkungen ein; sie wagt es nicht, jenen Wirbel von Staub und Pulver zu durchdringen, welcher den Tapfern und den Feigen, den Heerführer und den gemeinen Krieger, ihren Augen verbirgt.

XII. Die ehemaligen griechischen Freistaaten wußten nicht einmal die ersten Grundsätze einer guten Regierungskunst. Das Volk versammelte sich im Getümmel, mehr, um zu entscheiden, als zu berathschlagen, Ihre Partheisucht war wütend und ohne Ende; ihre Empörungen, waren häufig und schrecklich; ihre schönsten Tage voller Mißtrauen, Neid und Verwirrung. *)

Ihre

*) Man sehe das dritte Buch des Thucidides, und den Diodorus Sikulus vom eilften bis zum

zwan-

Ihre Mitbürger waren unglücklich; aber ihre Schriftsteller, deren Phantasie durch diese schrecklichen Gegenstände erhitzt wurde, schilderten sie so, wie sie sie fühlten. Die ruhige Handhabung der Gesetze; jene heilsamen Verordnungen, die aus dem Kabinet eines Einzigen, oder von einer kleinen Zahl von Räthen gegeben werden, und die Glückseligkeit über ein ganzes Volk verbreiten, erregen bei dem Dichter nichts als Bewunderung, die kälteste von allen Leidenschaften.

XIII. Die Mythologie der Alten, welche die ganze Natur beseelte, verbreitete ihren Einfluß auch auf den Geist des Dichters. Von seiner Muse begeistert, besang er die Attribute, die Begebenheiten, und die Unglücksfälle der Götter. Das unendliche Wesen, welches die Religion und die Philosophie uns kennen lehren, ist über seine Gesänge hinaus; das Erhabne wird hier kindisch. Das Werde beim Moses setzt uns in Erstaunen; *) aber die Vernunft vermag den Werken eines Gottes nicht zu folgen, der

zwanzigsten Buche, fast durchgehends. — Auch vergleiche man die Vorrede des Abt Terrasson zum dritten Bande seiner Uebersetzung des Diodor, und Hume's Political Essays, p. 191.

*) S. die Abhandlungen von Hunt und Despreaux im dritten Bande der Werke dieses letzteren.

der ohne Mühe und ohne alle Werkzeuge Millionen von Welten erschüttert; und die Phantaſie kann nicht mit Vergnügen die Teufel Milton's zween Tage lang die Herrſcharen des Allmächtigen bekämpfen ſehen. *)

Die Alten kannten ihre Vortheile, und bedienten ſich ihrer auf die glücklichſte Art. Jene Meiſterſtücke, die wir noch immer bewundern, ſind davon der beſte Beweis.

XIV. Wir hingegen, unter einem ganz andern Himmelsſtriche, in einem ganz andern Zeitalter geboren, wir würden nothwendigerweiſe alle dieſe Schönheiten verlieren, weil wir uns nicht in eben den Geſichtspunkt verſetzen könnten, in welchem ſich die Griechen und Römer befanden. Eine genaue Kenntniß ihres

Zeit-

*) Der goldne Zirkel, womit der Schöpfer beim Milton das Weltall mißt, iſt bei ihm vielleicht kindiſch; beim Homer wäre er erhaben geweſen. Unſre philoſophiſchen Ideen ſind dem Dichter im Wege. Die nämlichen Verzierungen verunſtalten ihn, welche den Jupiter der Griechen würde gehoben haben. Milton's großes Genie ringt mit dem Syſtem ſeiner Religion, und erſcheint nie ſo groß, als wenn er ſich davon etwas entfernt; da hingegen Properz, ein kalter und ſchwacher Deklamator, ſeinen ganzen Ruhm bloß dem lachenden Schauſpiele ſeiner Mythologie zu danken hat.

B

Zeitalters ist das einzige Mittel, welches uns dazu verhelfen kann. Einige oberflächliche Begriffe, einige aus einem Kommentar nothdürftig geschöpfte Kenntnisse, machen uns bloß für ihre sichtbarsten und auffallendsten Schönheiten empfindlich; alle die Annehmlichkeiten, alle die Feinheiten ihrer Werke werden uns entgehen; und wir werden ihre Zeitgenossen als Leute ohne Geschmack betrachten, weil sie Lobsprüche an sie verschwendeten, deren Richtigkeit wir aus Unwissenheit nicht einzusehen vermögen. Die Alterthumskunde bleibt unser einziger Kommentar; noch unentbehrlicher aber ist ein gewisser Geist, der eine Folge davon ist; ein Geist, der uns nicht nur mit den Sachen bekannt, sondern mit ihnen innig vertraut macht, und uns in Rücksicht auf dieselben die Sehkraft der Alten giebt. Das berüchtigte Beispiel eines Perrault kann das fühlbar machen, was ich hiemit sagen will; die Rohheit des heroischen Zeitalters war dem Pariser anstößig. Umsonst suchte ihm Boileau begreiflich zu machen, daß Homer die Griechen, und nicht die Franzosen, schildern wollte und mußte; sein Verstand blieb überzeugt, ohne überredet zu werden. *) Ein ächter antiker Geschmack, für die konventionellen

---

*) S. die Anmerkungen des Despréaux über den Longin.

nellen Begriffe, würde ihn mehr erleuchtet haben, als alle die Lehren seines Gegners.

XV. Ich habe kurz vorhin gesagt, daß die Vernunft diese künstlichen Bilder gelten ließ; vor dem Richtstuhle der Ruhmbegierde hingegen möchte die Entscheidung wohl anders ausfallen. Wir lieben alle den Ruhm; aber nichts ist verschiedner, als die Natur und der Grad dieser Liebe. Bei jedem Menschen sind sie anders. Der eine Schriftsteller wünscht nichts so sehr, als das Lob seiner Zeitgenossen. Der Tod macht allen seinen Hoffnungen und allen seinen Besorgnissen ein Ende. Das Grab, welches seinen Leichnam deckt, mag auch seinen Ruhm begraben. Solch ein Dichter kann ohne Bedenken Bilder brauchen, die nur bloß den Richtern, deren Beifall er sucht, geläufig sind. Ein andrer wünscht das Vermächtniß seines Namens auf die entfernteste Nachwelt zu bringen. Ihn ergötzt der Gedanke, daß, tausend Jahr nach seinem Tode, der Indianer am Ufer des Ganges, und der Lapländer mitten im Eislande seine Werke lesen, und das Land und Jahrhundert, worin er lebte, beneiden werden.

Wer für alle Menschen schreibt, darf auch nur aus Quellen schöpfen, die allen Menschen gemein sind: aus ihrem Herzen und dem Anblick der Natur. Der Stolz allein kann ihn über diese

Gränzen hinausführen. Vielleicht bildet er sich ein, daß die Schönheit seiner Schriften ihm immer Burmanne erwecken wird, die ihn zu erklären bemüht seyn, und ihn eben darum, weil sie ihn erklärt haben, desto mehr bewundern werden.

XVI. Nicht bloß der Charakter des Schriftstellers, sondern auch die Beschaffenheit seines Werks hat in dieser Rücksicht auf sein Verhalten Einfluß. Die höhere Poesie, das Heldengedicht, das Trauerspiel, die Ode, werden seltner dergleichen Bilder entlehnen, als das Lustspiel und die Satire; weil jene die Leidenschaften schildern, und diese die Sitten zeichnen. Horaz und Plautus sind beinahe ganz unverständlich für einen Jeden, der nicht wie ein Römer denken und leben gelernt hat. Den Nebenbuhler des Plautus, den geschmackvollen Terenz, versteht man besser, weil der den Scherz dem guten Geschmack aufgeopfert hat, da Plautus hingegen selbst den Wohlstand dem Scherz aufopferte. Terenz vergaß nie, daß er Athenienser schilderte; alles ist griechisch in seinen Stücken, nur bloß die Sprache nicht. *) Plautus wußte, daß er zu Römern

---

*) S. Terent Eunuch Act. II. Sc. II. Heautont. Act. I. Sc. I. — Die *Cupedinarii*, von welchen Terenz redet, streiten mit dieser Bemerkung nicht. Die-

mern redete; man findet bei ihm zu Theben,
zu Athen, zu Calydon, die Sitten, die Ge=
setze, und sogar die Gebäude der Römer wie=
der. *)

XVII. In Heldengedichten machen die
Sitten zwar nicht die Grundlage der Gemählde
aus; sie dienen aber daselbst oft zur Verschöne=
rung der Perspektiv. Unmöglich kann man Vir=
gil's Plan, Kunst und einzelne Schönheiten
empfinden, ohne die Geschichte, die Gesetze und
die Religion der Römer gründlich zu kennen;
ohne von der Geographie Italiens, von dem
Charakter des Augustus, und von dem beson=
dern und einzigen Verhältnisse, worin dieser
Kayser mit dem Senat und Volke stand, **)
genau unterrichtet zu seyn. Nichts konnte für
dieses Volk auffallender und interessanter seyn,
als der Kontrast, welchen Rom mit seinen

Stroh=

Dieser Ausdruck war, wenn man auch die Kon=
jektur des Salmasius nicht annehmen will, aus
einem eigenthümlichen ein allgemeiner Name
geworden. S. *Terent.* Eunuch. Act. II. Sc. II.

*) *Amphitr.* Act. I. Sc. I. Quid faciam nunc, si *Tres-
viri* me in carcerem compegerint? &c.

**) S. die Differtations de M. *de la Bleterie* sur le Pou-
voir des Empereurs; *Mem. de l'Acad. des B. L.*
T. XIX, p. 357-457. T. XXI, p. 299 ff. T.
XXIV, p. 261, 279 ff.

Strohdächern und drei tausend Einwohnern, *) mit eben diesem Rom, als Hauptstadt der Welt machte, deren Häuser Palläste, deren Bürger Fürsten, und deren Provinzen ganze Reiche waren. Da Florus diesen Kontrast schon vortheilhaft brauchte, so kann man leicht denken, daß ihn Virgil nicht unbenutzt gelassen hat. Er schildert ihn vielmehr mit den Zügen eines großen Meisters. Evander führt seinen Gast durch diese Stadt, wo alles, bis auf den Monarchen rohe und bäurische Sitten verrieth. Er deutet ihm die Alterthümer derselben; und der Dichter läßt es sehr geschickt durchschimmern, wozu dies Dorf, dieß künftige, noch unter Dorngebüsch versteckt, aufbehalten sey. **) Wie lebhaft ist dies Gemählde! Wie sprechend ist dieser Kontrast für den Alterthumskenner! Wie matt ist es in den Augen dessen, der zur Lesung Virgil's keine andre Vorbereitung mitbringt, als natürlichen Geschmack, und einige Kenntniß der lateinischen Sprache!

XVIII.

*) *Varro* de lingua latina, L. IV. *Dionys. Halic.* L. XI. p. 76. *Plutarch*, in vita *Romuli*.

**) *Virgil.* Aeneid. L. VIII. v. 185 — 370.
Hinc ad Tarpeiam sedem & Capitolia ducit,
Aurea nunc, olim silvestribus horrida dumis.
—————— —————— armenta videbant
Romanosque foro & lautis mugire carinis.

XVIII. Je mehr man die Alterthümer inne hat, desto mehr bewundert man die Kunst dieses Dichters. Sein Stof war ziemlich dürftig. Die Flucht eines Haufens von Verbannten; der Kampf einiger Dorfbewohner; die Errichtung eines armseligen Städtchens; das waren die so gepriesenen Arbeiten des frommen Aeneas. Aber der Dichter hat sie gar sehr veredelt, und sie dadurch noch interessanter zu machen gewußt. Durch eine Täuschung, die zu fein ist, um dem gemeinen Leser nicht zu entgehen, und zu glücklich, um dem Kenner zu mißfallen, verschönert er die Sitten des heroischen Zeitalters; aber er verschönert sie, ohne sie zu entstellen. *) Der Vater Latinus und der aufrührische Turnus werden in mächtige Monarchen verwandelt. Ganz Italien ist seiner Freiheit wegen in Furcht. Aeneas siegt über Menschen und Götter. Auch weiß Virgil dem vollen Ruhme der Römer einen Abglanz auf die Trojaner zu geben. Roms Stifter ver-

*) Nichts ist für einen im vollem Luxus erzogenen Schriftsteller schwerer, als einfache Sitten zu schildern, ohne ins Niedrige zu verfallen. Man lese den Brief der Penelope beim Ovid; so wird man darin die nämlichen rohen Sitten unleidlich finden, die uns im Homer bezaubern. Man lese die Werke der Demoiselle de Scudèry; und man wird in ein unangenehmes Erstaunen gerathen, am Hofe der Tomyris den Pomp des Hofes von Ludwig

verdunkelt den Erbauer von Lavinium. Es ist ein Feuer, das sich hier entzündet. Bald wird es die ganze Welt in Flammen setzen. Aeneas enthält, so zu reden, den Keim aller seiner Abkömmlinge. In seinem Lager eingeschlossen, erinnert er uns an Cäsar und Alexia. Wir theilen unsre Bewunderung nicht.

Nie braucht Virgil diese Kunst glücklicher, als wenn er mit seinem Helden in die Unterwelt hinabsteigt, und hier seiner Phantasie völlig freien Lauf läßt. Hier schafft er keine neue Wesen der Einbildungskraft. Romulus und Brutus, Scipio und Cäsar, erscheinen hier ganz so, wie Rom sie bewunderte oder fürchtete.

XIX. Man liest Virgil's Gedicht vom Landbau mit dem lebhaften Gefühle, welches alles Schöne in uns erregt, und mit dem süssen Vergnügen, welches die Anmuth seines Inhalts jeder edeln und empfindungsvollen Seele einflößt. Man würde dies Gedicht indeß vielleicht

wig XIV. wieder zu finden. Man muß für diese Sitten gemacht seyn, um ihren wahren Ton zu treffen. Das Nachdenken vertrat die Stelle der Erfahrung beim Virgil, und vielleicht auch bei Fenelon. Sie sahen ein, daß man diese Sitten ein wenig aufstuzen müsse, um der Delikatesse ihrer Zeitgenossen zu schonen; aber daß man auch eben diese Delikatesse beleidigen würde, wenn man sie zu sehr verzierte.

leicht noch mehr bewundern, wenn man wahrnähme, daß der Verfasser desselben einen so erhabenen Zweck gehabt hätte, als die Ausführung edel und vollendet ist. Ich entlehne meine Beispiele immer aus dem Virgil. Seine schönen Verse, und die Vorschriften seines Freundes Horaz gaben dem Geschmacke der Römer eine festere Richtung, und können noch die entfernteste Nachwelt belehren. Aber, um meine Ideen noch mehr zu entwickeln, muß ich etwas weiter zurück gehen.

XX. Die ersten Römer kämpften für Ruhm und Vaterland. Seit der Belagerung von Veji *) bekamen sie einen sehr mäßigen Sold, und zuweilen Belohnungen nach gehaltenem Triumphe; **) aber diese erhielten sie als eine Wohlthat, nicht als schuldige Gebühr. Nach Endigung des Krieges war jeder Soldat wieder Bürger, wie zuvor, kehrte in seine Hütte zurück, und hieng daselbst seine ruhenden Waffen auf; bereit, sie auf den ersten Wink wieder zu nehmen.

Als Sylla dem Staate seine Ruhe wiederschenkte, hatten sich die Sachen sehr verändert. Mehr als dreimal hundert tausend Menschen,

---

*) *Liv. L.* IV. c. 59. 60.

**) *Liv. L.* XXX., c. 45. C. *Arbuthnot's Tables.* p. 181. C.

an Mord und Luxus gewöhnt, *) ohne Vermögen, ohne Vaterland, ohne Grundsätze, foderten Belohnungen. Hätte sie ihnen der Diktator in baarem Gelde, nach dem in der Folge vom August gemachten Anschlage, gegeben; so würden sie ihm mehr als zwei und dreißig Millionen unsers Geldes gekostet haben; **)

eine

---

*) *Sallust.* in Bell. Catilin. p. 22., edit. *Thysii.*

**) Dieser Anschlag war zu zweitausend Drachmen, oder zwölftausend Sestertien auf jeden gemeinen Legionär; (s. *Dio Cass.* L. LIV.; *Lips.* Exc. ad L. I. Annal. *Tacit.* C.) und das Doppelte auf jeden Reuter und Centenarius; das Vierfache auf jeden Tribun. Die römische Legion bestand, seit der Vermehrung des Marius, aus sechs tausend Mann zu Fuß, und drei hundert Mann Reuterei. (S. *Wotton's* Hist. of Rome, p. 154; *Rosini* Antiqq. p. 964.) Dieß große Heer hatte nur sechs und sechzig Anführer; nämlich sechzig Centenarier und sechs Tribunen. Hier ist die ganze Berechnung: Pf. Sterl.:

282,000 Legionäre, jeder zu 3000 Drachmen, oder 12,000 Sestertien, oder 105 Pf. Sterl.	28,905,000.
2,820 Centenarier und 14,100 Reiter, jeder zu 6000 Drachmen oder 210 Pf. Sterl.	3,468,600.
282 Tribunen, jeder zu 12,000 Drachmen oder 410 Pf. Sterl.	115,620.

Ueberhaupt, Pf. Sterl. 32,489,220.

Noch

eine ungeheure Summe, selbst in den glücklichsten Zeiten; damals aber weit über die Kräfte des Staats. Sylla nahm eine Parthei, welche die Nothwendigkeit, und sein Privatinteresse, mehr als das gemeine Wohl, ihm anriethen: er schenkte den Soldaten Ländereien. Sieben und vierzig Legionen wurden in ganz Italien zerstreut. Man stiftete vier und zwanzig militärische Kolonien. *) Ein verderbliches Hülfsmittel! Wenn man sie durch einander mischte, so verließen sie ihre Wohnörter, um einander wieder aufzusuchen. Ließ man sie beisammen, so fand gleich der erste, beste Aufrührer sogleich ein ganzes Kriegsheer in Bereitschaft **) Diese vieljährigen Krieger wurden bald der Ruhe überdrüßig, und fanden es ihrer unwürdig, das durch Schweiß zu erkaufen, was nur Blut kosten konnte; ***) sie brachten ihr neues Vermögen schwelgerisch durch, setzten ihr ganzes Vertrauen auf einen bürgerlichen Krieg, und waren den Absichten des Catilina

Nach Arbuthnot's Berechnung betrüge diese Summe nur 30,705,220 Pfund, die Drachme zu 7¾ englischen Schillingen gerechnet. Ich finde aber, daß die attische Drachme in den spätern Zeiten dem römischen Denarius an Gewicht und Gehalt gleich war, und 8½ Schillinge galt.

*) S. *Hooper*, p. 108.; *Eisenschmidt*, p. 23. C.
**) *Tacit* Annal. L. XIV. p. 249. ed *Lipsii*.
***) *Tacit*. de Moribus Germanor. p. 441.

tilina ungemein beförderlich. *) August befand sich, in eben der Verlegenheit, und befolgte den nämlichen Plan, ob er gleich auch die nämlichen Folgen davon befürchten mußte. Das unglückliche Italien rauchte noch

 Vom Feuer, durch den letzten Athemzug
 Der Freiheit angefacht. **)

Die kühnen ausgedienten Krieger hatten ihre Besitzungen durch blutigen Krieg erkauft; und ihre öftern Gewaltthätigkeiten waren Beweises genug, daß sie noch immer die Waffen in Händen zu haben glaubten. ***)

 XXI. Was konnte nun damals der milden Staatsklugheit eines August's gemäßer seyn, als sich der harmonischen Gesänge seines Freundes zu bedienen, um sie mit ihrer neuen Lage auszusöhnen? Auch rieth er ihm zur Verfertigung dieses Gedichts:

 Da facilem curſum, atque audacibus ad-
   nue coeptis,
 Ignaroſque viæ, mecum miſeratus agre-
   ſtes
 Ingredere; et votis jam nunc aſſueſce
   vocari! ****)

Der

---

*) *Salluſt* Bell. Catilin. p. 40. *Cicero* in Catilin. Orat. II. c. 9.

**) Des feux qu'a rallumé ſa liberté mourante.
    Racine, Mithrid. Act III. Sc. I.

***) *Donat.* in vita *Virgilii* — *Virg.* Ecl. IX, v. 2. ff.

****) *Virg.* Georg. L. I. v. 40.

Der Ackerbau hatte indeß mehr als funfzig griechische Schriftsteller beschäfftigt; *) die Bücher eines Cato und Varro gaben zuverläßigere, umständlichere und genauere Anweisungen, als ein Dichter sie geben konnte. Aber es kam mehr darauf an, den Kriegern an der ländlichen Ruhe Geschmack beizubringen, als sie in den Grundsätzen des Ackerbaues zu unterrichten. Daher alle die rührenden Beschreibungen von den unschuldigen Freuden des Landlebens, seinen Spielen, seinen Wohnungen, seiner anmuthvollen Abgeschiedenheit, im Gegensatz mit den eiteln, kindischen Ergötzungen der Menschen, und mit ihren Geschäften, die oft noch kindischer, als ihre Ergötzungen, sind.

Es kommen in diesem Gemählde lebhafte und unerwartete Züge vor, versteckte und glückliche Ausweichungen, welche Virgil's Genie zur Satire verrathen, an dessen weiterer Ausbildung ihn höhere Zwecke, und die Güte seines Herzens, verhinderten. **) Welcher von den alten, ausgedienten Kriegern erkannte sein Bild nicht in jenem Corycischen Greise? ***) Gleich jenem, von Jugend auf zu den Waffen ge-

---

*) *Varro*, de Re Rust. L. I. c. I.

**) Hic petit exidiis urbem, miserosque penates,
Ut gemma bibat, & Sarrano dormiat ostro.
    Virg. Georg. L. II, v. 505. C.

***) Georg. L. IV, v. 125. C.

gewöhnt, fand er endlich das Glück eines wilden Aufenthalts, den seine Arbeit in einen Lustort verwandelt hatte. *)

Der Bewohner Italiens, müde, ein Leben voll gerechter Besorgnisse zu führen, bejammerte mit Virgil die Unfälle der damaligen Zeiten, und beklagte seinen Regenten wegen der heftigen Unruhen der Veteranen:

Ut, cum carceribus sese effudere quadrigæ,
Addunt in spatia, & frustra retinacula tendens
Fertur equis auriga, neque audit currus habenas. **)

und er fieng seine Arbeiten wieder an, in Erwartung eines neuen goldnen Zeitalters.

XXII. Nimmt man diesen von mir angegebnen Gesichtspunkt an; so ist Virgil nicht mehr ein bloßer Dichter, der die ländlichen Geschäfte beschreibt. Er ist ein zweiter Orpheus, der seine Leier in der Absicht ergreift, damit rohe Wilde ihre Wildheit ablegen, und damit

er

---

*) Er gehörte mit zu den Seeräubern, denen Pompejus Ländereyen geschenkt hatte. S. den Servius über diese Stelle, und *Vellej. Paterc. L. II.* p. 56.

**) *Virg. Georg. L. I. v.* 512.

er sie durch die Bande der Sitten und der Gesetze mit einander vereinige. *)

Seine Gesänge bewirkten dieses Wunder. Die Veteranen gewöhnten sich unvermerkt an die Ruhe. Sie brachten die dreißig Jahre friedlich zu, welche verflossen, ehe August, nicht ohne viele Mühe, einen Kriegsfond aufbrachte, um ihnen ihren Sold im Gelde zu geben. **)

XXIII. Aristoteles, der über die Dunkelheiten der Natur und Kunst helles Licht verbreitete, ist der Vater der Kritik. Die Zeit, deren langsame, aber sichre, Gerechtigkeit am Ende die Wahrheit in die Stelle des Irrthums setzt, hat die Bildsäulen dieses Weltweisen zertrümmert, aber die Aussprüche des Kunstrichters bestätigt. Aus Mangel an Wahrnehmungen gab er Hirngespinste für Thatsachen. In Platon's Schule, und durch die Schriften eines Homer, Sophokles, Euripides und Thucydides, gebildet, schöpfte er seine Regeln aus der Natur der Dinge, und aus der Kenntniß des menschlichen Herzens. Er klärte die

Mens-

---

*) Silvestres homines sacer interpresque deorum
Cædibus & victu fœdo deterruit Orpheus,
Dictus ob hoc lenire tigres rabidosque leones.
HORAT. Ep. ad Pis. v. 391.

**) Tacit. Annal. L. I. p. 39. —— Dionys. Halic. L. LV. P. 565. —— Sueton. in Aug. c. 49.

Menschen durch die Beispiele der größten Muster auf.

Seit dem Aristoteles sind zwei Jahrtausende verflossen. Die Kritiker haben ihre Kunst zur größern Vollkommenheit gebracht. Und doch sind sie sich über den Gegenstand ihrer Arbeiten noch nicht einig. Ein le Clerc, ein Cousin, ein Desmaiseaur, ein Sainte Marthe, *) geben uns davon ganz verschiedene Erklärungen. Mir scheinen sie alle entweder zu einseitig, oder zu willkührlich zu seyn. Die Kritik ist, meiner Meinung nach, die Kunst, über Schriften und Schriftsteller zu urtheilen; zu entscheiden, ob sie das, was sie gesagt haben, gut und wahr gesagt haben. **) Von der ersten Anwendungsart der Kritik stammt die Sprachlehre, die Sprachkunde, die Kenntniß der Handschriften, die Beurtheilung untergeschobener Werke, und die Wiederherstellung verderbter Stellen, ab. Die ganze Theorie der Dichtkunst und der Beredsamkeit gründet sich auf der zweiten. Die dritte öffnet ein unermeßliches Feld, die Prüfung und Kritik der Thatsachen. Man könnte also das ganze Volk

---

*) *Clerici Ars Crit. L. I. c. I.*

**) Man muß dies Wahre auf die historische Wahrheit einschränken, nicht auf die Wahrheit ihrer Meinungen, sondern ihrer Zeugnisse. Jene Art von Wahrheit gehöret mehr für die Logik, als für die Kritik.

Volk der Kritiker in grammatische, rhetorische, und historische Kunstrichter unterscheiden. Die ausschliessenden Ansprüche der erstern haben nicht nur ihren eignen Bemühungen, sondern auch den Arbeiten ihrer Mitbrüder, geschadet.

XXIV. Alles, was die Menschen gewesen sind; alles, was das schöpfrische Genie hervorgebracht; alles, was die Vernunft erwogen, was der Fleiß gesammelt hat; alles das gehört ins Gebiete der Kritik. Richtigkeit des Denkens, Feinheit, Scharfsinn, sind nothwendig, um ihr die gehörige Uebung und Anwendung zu geben. Ich folge dem eigentlichen Gelehrten in sein Studierzimmer. Ich seh ihn mit den Arbeiten aller Jahrhunderte umgeben; seine Büchersammlung ist voll davon; sein Verstand ist dadurch aufgeklärt, ohne damit überladen zu seyn. Er wirft seine Blicke nach allen Seiten hin. Der von der gegenwärtigen Arbeit noch so entlegne Schriftsteller wird nicht vergessen. Vielleicht entdeckt sich in ihm ein lichtvoller Zug, wodurch die Entdeckungen des Kunstrichters bestätigt, oder seine Hypothesen erschüttert werden können. Die Arbeit des Gelehrten ist vollendet. Der Philosoph unsrer Zeiten verweilt sich dabei, und preist das Gedächtniß des Sammlers. Jener irrt sich dabei zuweilen, und sieht den Baustof für das Gebäude an.

C   XXV.

XXV. Aber der wahre Kunstrichter fühlt es, daß seine Bemühung nur Anstalt, nur Vorbereitung ist. Er erwägt, er verknüpft, er zweifelt, er entscheidet. Genau und unpartheiisch, giebt er nur der Stimme der Gründe Gehör, oder des Ansehens, die bei Thatsachen die Stelle der Gründe vertritt. *) Der ehrwürdigste Name muß zuweilen dem Zeugnisse solcher Schriftsteller nachstehen, denen die Umstände allein ein Gewicht für den gegenwärtigen Augenblick giebt. Reich und ergiebig an Hülfsquellen, aber ohne falsche Spitzfindigkeit, wagt er es, die glänzendste, die scheinbarste Hypothese aufzugeben, und legt seinen Lehrern nicht die Sprache seiner Muthmaßungen in den Mund. Als Freund der Wahrheit, sucht er diejenige Art von Beweisen auf, die sich für seinen Gegenstand schickt, und begnügt sich damit. Er setzt nicht das Zergliederungsmesser an jene feinern Schönheiten, die von einer nur etwas unsanften Berührung dahin welken; aber er begnügt sich auch nicht mit trockner Bewunderung; er späht die verborgensten Tiefen des menschlichen Herzens auf, um sich von den Gründen seines Wohlgefallens und Mißfallens Rechenschaft zu geben. Bescheiden und überlegt, stellt er seine Vermuthungen nicht als Wahrheiten, seine Folgerungen nicht als Thatsachen, seine Wahrscheinlichkeiten nicht als Beweise, auf.

XXVI.

―――――

*) Das heißt, des mit Erfahrung vereinten Ansehens.

XXVI. Man hat oft die Geometrie eine gute Logik genannt, und ihr damit ein grosses Lob zu ertheilen geglaubt. Es ist rühmlicher für die Wissenschaften, daß sie den Menschen bilden und vollkommner machen, als daß sie die Gränzen der Welt erweitern. Darf aber nicht auch die Kritik auf diesen Ruhm Ansprnch machen. Sie hat darinn noch den Vorzug, daß die Geometrie sich bloß mit den ihr eigenthümlichen Beweisen beschäftigt, da die Kritik hingegen die verschiednen Grade von Wahrscheinlichkeit gegen einander abwägt. Nach ihrer Vergleichung mit einander richten wir täglich unsre Handlungen ein, entscheiden wir oft über unser Schicksal. *) Laßt uns die kritischen Wahrscheinlichkeiten gegen einander halten.

XXVII. Unser Zeitalter, welches sich dazu bestimmt glaubt, in den Gesetzen aller Art eine Veränderung zu treffen, hat eine historische Zweifelsucht aufgebracht, die ihr Gutes und ihr Schlimmes hat. Herr de Pouilly, ein schimmernder und ziemlich seichter Kopf, der mehr citirte, als er las, zweifelte an der Gewißheit **) der ersten fünf Jahrhunderte Roms.

Aber

---

*) Es ist hier vornehmlich von den Anfangsgründen der Geometrie und der Kritik die Rede.

**) Eine bestimmte Erklärung über diese streitige Gewißheit hätte den ganzen Streit abkürzen können: „Es ist die historische Gewißheit." Diese verändert

Aber seine für dergleichen Untersuchungen wenig geschickte Einbildungskraft mußte gar bald der Gelehrsamkeit und der Kritik des Herrn Freret und des Abts Sallier nachstehen. *) Herr von Beaufort regte diese Streitigkeit wieder auf; und die römische Geschichte litt sehr viel von den Angriffen eines Schriftstellers, der zu zweifeln und zu entscheiden wußte.

XXVIII. Ein Vertrag der Römer und der Karthager wurde unter seinen Händen ein mächtiger Zweifelsgrund. **) Dieser Vertrag findet sich beim Polybius, einem genauen und einsichtvollen Schriftsteller. ***) Das Original wurde noch zu seiner Zeit in Rom aufbewahrt. Indeß widerspricht diese authentische Urkunde allen Geschichtschreibern. L. Brutus und M. Horatius werden darin als gemeinschaftliche Konsulen erwähnt, obgleich Horatius erst nach des Brutus Tode zur Konsulwürde gelangte. Die Römer haben darin Unterthanen, die damals nur erst ihre Bundesgenos-

---

dert sich aber mit jedem Jahrhunderte. Ich glaube im Ganzen an die Existenz und an die Thaten Karls des Großen; aber die Gewißheit, die ich davon habe, ist nicht so groß, wie die von den Thaten Heinrichs des Vierten.

*) S. Mem. de l'Acad des Belles Lettres, T. VI. p. 14. 190.
**) Differt. sur l'incertitude de l'Hist. Rom. p. 33-46.
***) Polyb. Hist. L. III., c. 22.

noſſen waren. Es iſt darin von der Seemacht eines Volks die Rede, welches erſt im zweiten puniſchen Krige, drittehalbhundert Jahr nach dem Konſulat des Brutus, ſeine erſten Schiffe baute. Wie viel ſchlimme Folgerungen zieht man nicht aus dieſem Widerspruch? Sie fallen ſämmtlich zum Nachtheil der Geſchichtſchreiber aus.

XXIX. Dieſer Einwurf hat die Gegner des Herrn von Beaufort in nicht geringe Verlegenheit geſetzt. Sie haben an der Aechtheit dieſer Originalurkunde gezweifelt. Sie haben den Zeitpunkt derſelben weiter fortgerückt. Wir wollen durch eine wahrſcheinliche Erklärung die Urkunde und die Geſchichtſchreiber mit einander einſtimmig zu machen ſuchen. Zuerſt wollen wir das Datum von dem Inhalte des Vertrages ſelbſt unterſcheiden. Dieſer letztere iſt aus den Zeiten des Brutus. Jenes iſt vom Polyb oder ſeinen römiſchen Alterthumsforſchern angegeben. Die Namen der Konſulen kamen niemals in förmlichen Verträgen vor, oder in Bündniſſen, welche mit allen Religionsfeierlichkeiten geweiht wurden. Die einzigen Diener dieſer Religion, die Fecialen, unterzeichneten ſie; und dieſer Umſtand unterſchied die fœdera und die ſponſiones. Dieſe Umſtände wiſſen wir aus dem Livius. *)

E 3 Durch

*) Spoponderunt conſules; legati, quæſtores, tribuni
militum; nominaque eorum, qui ſpoponderunt,
adhuc

Durch ihn läßt sich alle Schwierigkeit auflösen. Die Alterthumsforscher haben vermuthlich die Fecialen für die Konsulen genommen. Aber, ohne an diesen Mißverstand zu denken, haben diese Alterthumsforscher, die bei der Erklärung öffentlicher Urkunden an keine ängstliche Genauigkeit gebunden waren, das Jahr der Vertreibung der Könige durch die berühmten Namen des Stifters der Freiheit und des Erbauers des Kapitols bemerkt. Es lag ihnen wenig daran, zu wissen, ob sie zu gleicher Zeit die Konsulwürde bekleideten.

XXX. Die Einwohner von Ardea, von Antium, von Terracina, waren keine römische Unterthanen; oder wenn sie es waren, so haben uns die Geschichtschreiber einen sehr irrigen Begrif von dem Umfange der Republik gegeben. Wir müssen uns in die Zeiten des Brutus versetzen, und aus der Politik der Römer eine Erklärung des Worts Vertrag hernehmen, die von der unsrigen ziemlich verschieden ist. Rom war freilich die letzte Kolonie der Lateiner; aber es dachte gar bald darauf, diese ganze Nationen unter seine Gesetze zu vereinigen. Seine Kriegszucht, seine Helden, und seine Siege, erwarben diesem Staate gar bald eine entschiedne

adhuc exstant; ubi, si ex fœdere acta res esset, præterquam duorum fecialium non exstarent.

Tit. Liv. L. IX. c. 5.

ne Ueberlegenheit. Stolz, aber staatsklug, bedienten sich die Römer derselben mit einer ihres Glücks würdigen Weisheit. Sie sahen ein, daß nicht gehörig unterworfne Städte den Lauf der Waffen hemmen, die Schätze erschöpfen, und die Sitten der Republik verderben würden. Unter dem scheinbarern Namen von Bundesgenossen wußten sie den Ueberwundenen ihr Joch beliebt zu machen. Diese liessen sichs gern gefallen, Rom für die Hauptstadt des Volks der Lateiner zu erkennen, und ihm in allen seinen Kriegen eine gewisse Mannschaft zu stellen. Die Republik war ihnen nichts weiter schuldig, als einen Schutz, der ein Zeichen ihrer Oberherrschaft war, und jenen so theuer zu stehen kam. Diese Völker waren Roms Bundesgenossen; aber sie sahen selbst bald ein, daß sie seine Sklaven waren. *)

XXXI. Diese Erklärung, wird man sagen, verringert zwar die Schwierigkeit; aber sie löst sie nicht auf. υψηκοοι der Ausdruck, dessen sich Polyb bedient, bedeutet Unterthanen, im eigentlichen Wortverstande. Ich leugne das nicht. Aber wir haben nur bloß die Uebersetzung dieses Vertrages; und wenn man den Abschriften desselben ein bedingtes Zutrauen in

---

*) *Tit. Liv.* L. VIII. c. 4. —— Der Prätor Annius nennt die Regierung der Römer *regnum impotens*.

Ansehung der Hauptsache zugesteht, so muß es doch nicht erlaubt seyn, aus ihren Ausdrücken, im strengsten Verstande genommen, etwas zu schliessen. Die Verbindungen der Begriffe sind so willkührlich, die Abstufungen so klein, die Sprachen so verschieden, daß der geschickteste Uebersetzer vielleicht wohl völlig gleichgeltende Ausdrücke aufsucht, aber doch nur ähnliche findet. *) Die Sprache dieses Vertrages war alt. Polybius verließ sich dabei auf die römischen Alterthumsforscher. Die Eitelkeit vergrößerte ihnen die Gegenstände. Fœderati bedeutet nicht:? Bundesgenossen, die gleiche Rechte haben; wir wollen es, dachten sie, durch Unterthanen geben.

XXXII. Auch die Seemacht der Römer setzt unsre Kunstrichter in Verlegenheit. Polyb versichert uns, die Flotte des Duillius sey ihr erster Versuch in dieser Art gewesen. **) Nun wohl, Polyb irrt sich, weil er sich widerspricht; das ist mein ganzer Schluß. Wenn man aber auch seine Erzählung gelten läßt, so wird dadurch die römische Geschichte noch nicht über den Haufen geworfen. Hier ist eine Hypothese, welche diesen Umstand auf eine vernünftige Art erklärt; und das ist alles, was man von einer Hypothese zu fodern berechtigt ist.

*) S. *Cleriei* Ars Crit. L. II. c. 2. §. 1, 2, 3.
**) *Polyb.* L. I. c. 20.

ist. Tarquin unterdrückt das Volk und die Soldaten. Er eignet sich alle die Beute zu. Man will keine Landsoldaten mehr haben. Man rüstet kleine Fahrzeuge aus, welche das Meer beschiffen. Die aufkeimende Republick nimmt sie in Schutz; aber sie setzt durch diesen Vertrag ihren Räubereien Schranken. Fortwährende Kriege, der Sold, den man den Landsoldaten giebt, bringen den Seedienst in Abnahme; und in ein oder zwei hundert Jahren vergißt man, daß er je da war. *) Polyb hätte sich dann etwas zu allgemein ausgedrückt.

XXXIII. Ausserdem konnte die erste Seemacht der Römer aus keinen andern als Schiffen mit funfzig Rudern bestehen. Gelon und Hiero bauten größere Schiffe. **) Die Griechen und Karthager ahmten ihnen nach; und im ersten punischen Kriege rüsteten die Römer solche Schiffe von drei oder vier Ruderreihen aus, die noch jetzt unsre Alterthumskenner und unsre Mechaniker in Erstaunen setzen. Diese Ausrüstung war merkwürdig genug, um ihre

ältern

---

*) Ich sage nichts von der Flotte, die sich vor Tarent sehen ließ. Ich glaube, daß diese Schiffe den Bewohnern von Turricone gehörten. S. *Freinshem.* Suppl. Livian. L. XII. c. 8.

**) *Arbuthnot's* Tables, p. 225. Hist, du Commerce des Anciens, par *Huet,* c. 21.

ältern und rohern Versuche ganz in Vergessenheit zu bringen. *)

XXXIV. Mit Vergnügen hab' ich eine nützliche und interessante Geschichte vertheidigt. Vornehmlich aber wollte ich durch diese Bemerkungen zeigen, wie fein und genau die Erörterungen der Kritik sind, bei denen es nicht darauf ankommt, sich auf einen förmlichen Beweis einzulassen, sondern das Gewicht der gegenseitigen Wahrscheinlichkeiten mit einander zu vergleichen; und wie mißtrauisch man gegen die blendendsten Systeme seyn muß, weil es ihrer so wenige giebt, welche die Probe einer freien und sorgfältigen Prüfung aushalten.

XXXV. Noch in einer andern Rücksicht stehen der Kritik manche Schwierigkeiten im Wege. Es giebt Wissenschaften, die nur bloß Kenntnisse sind. Ihre Grundsätze sind spekulative Wahrheiten, und nicht Vorschriften des Verhaltens. Es ist leichter, einen Satz schlechthin begreifen, als sich denselben geläufig machen, ihn mit aller Richtigkeit anwenden, und sich seiner als eines Führers in seinen Forschungen,

*) Der berühmte Freret hat hierüber eine andere Hypothese. Sie gefällt durch ihre Einfachheit; aber sie scheint mir nicht statthaft genug zu seyn. S. Mem. de l'Acad. des Belles Lettres, T. XVIII., p. 102. ff,

gen, und als einer Fackel in seinen Entdeckungen, zu bedienen.

Der Gang der Kritik ist nicht gewohnter und geläufiger Pfad. Ihre allgemeinen Grundsätze sind wahr, aber trocken und unfruchtbar. Wer nichts weiter kennt, als sie, irrt eben so wohl, wenn er ihnen folgen will, als wenn er sich von ihnen zu entfernen wagt. Das Genie, reich an Hülfsquellen, Herr über die Regeln, aber auch Herr über die Gründe der Regeln, scheint oft sie zu verachten. Der neue und gewagte Weg, den es einschlägt, scheint es davon zu entfernen; aber man folge ihm bis ans Ziel, so findet man in ihm einen Bewundrer, aber einen aufgeklärten Bewundrer eben der Regeln, welche immer die Grundlage seines Denkens und seiner Entdeckungen sind. Daß alle Wissenschaften legum non hominum respublica seyn möchten, das ist der Wunsch des gelehrten Standes. Die Erfüllung desselben würde sein Glück seyn; aber man weiß nur allzu gut, daß das Glück der Menschen, und der Ruhm derer, welche sie aufklären oder regieren, oft ganz verschiedne, und oft ganz einander entgegengesetzte, Dinge sind. Die Gelehrten vom ersten Range wollen nichts als Studien, gleich der Lanze Achill's, die nur bloß für die Hand dieses Helden gemacht war. Wir wollen sie zu handhaben versuchen.

Der

XXXVI. Der Gesetzgeber der Kritik hat den Ausspruch gethan, daß der Dichter die Helden so darstellen müßte, wie sie uns die Geschichte bekannt macht:

Aut famam sequere, aut sibi convenientia finge,
Scriptor; Homereum si forte reponis Achillem,
Impiger, iracundus, inexorabilis, acer;
Jura neget sibi nata, nihil non arroget armis. *)

Soll denn nun der Dichter die Rolle eines kalten Annalisten spielen? Sollen wir ihm jene große Gewalt der Fiktion, jenen Kontrast, jenen Gegensatz der Charaktere, jene unerwartete Situationen verbieten, wo man für den Menschen zittert, wo man den Helden bewundert? Oder sollen wir mehr auf Schönheiten als auf Regeln achten, und ihm lieber Anachronismen, als Langweiligkeit, zu Gute halten?

XXXVII. Den Geist zu bezaubern, zu rühren, zu erheben, das ist der Zweck der Poesie. Bei den einseitigen Regeln müssen wir es nie vergessen, daß sie bloß zu Mitteln bestimmt sind, zur Ausführung poetischer Werke behülflich zu seyn, nicht aber, diese Ausführung zu erschweren. Man hat gesehen, daß die Philoso-

*) *Horat.* Ep. ad Pis. v. 119. A.

losophie, die an Demonstrationen so ergiebig ist, sich kaum an die einmal angenommenen Begriffe zu wagen getraut; wie sollte sich denn die Poesie Hoffnung machen können, zu gefallen, wenn sie sich nicht nach diesen Ideen bequemte? Wir freuen uns, die Helden und die Begebenheiten des Alterthums wieder aufleben zu sehen; erscheinen sie travestirt, so bringen sie Verwundrung hervor, aber eine Verwundrung, die sich wider die Neuheiten empört. Will ein Schriftsteller irgend eine Abänderung wagen, so muß er dahin sehen, ob daraus eine <u>auffallende</u> oder <u>leichte</u> Schönheit entstehe, die aber doch immer mit der Uebertretung der Regeln in einigem Verhältnisse stehen muß. Nur um diesen Preis darf er sein Wagestück erkaufen.

Ovid's Anachronismen mißfallen uns. *) Die Wahrheit wird dadurch entstellt, ohne verschönert zu werden. Wie ganz anders ist der Charakter des Mezentius beim Virgil! Dieser

---

*) In geographischen und chronologischen Umständen darf man sich sehr wenig auf das Ansehen Ovid's verlassen. Dieser Dichter war in beiden Wissenschaften höchst unwissend. Man lese die Beschreibung von dem Zuge der Medea, in den Metamorphosen, B. VII., v. 350 — 402, und im vierzehnten Buche eben dieses Gedichts. Jene ist voll geographischer Fehler, die den Auslegern selbst viel zu schaffen machen; und dieses wimmelt von Verstoßungen wider die Zeitrechnung.

ſer Fürſt ſtirbt bloß durch die Waffen des Aſkanius. *) Aber welcher Leſer iſt kalt genug, um nur einen Augenblick daran zu denken, wenn er ſieht, daß Aeneas, ein Diener der göttlichen Rache, der Beſchützer unterdrückter Völker wird, und den Blitz auf das Haupt des ſchuldigen Wüthrichs ſchleudert; aber über das unglückliche Opfer ſeines Schwerts den jungen und zärtlichen Lauſus, gerührt wird, der eines andern Vaters, und eines beſſern Schickſals würdig war? Um wie viele Schönheiten wurde der Dichter durch die Geſchichte gebracht? Durch dieſen glücklichen Erfolg aufgemuntert, verläßt er ſie da, wo er ihr hätte folgen ſollen. Aeneas langt in dem ſo erwünſchten Italien an; die Lateiner eilen herbei, ihre väterlichen Wohnungen zu vertheidigen; alles droht das blutigſte Treffen: **)

Schon thürmt von Pfeilen eine Wolke ſich;
Schon ſtrömt das Blut, des Mordes Erſt-
ling, hin.

Vor dem Namen des Aeneas entfallen den Feinden die Waffen. Sie fürchten ſich, gegen den Helden zu fechten, deſſen Ruhm aus der Aſche ſei-

---

*) *Serv.* ad *Virg.* Aeneid. L. IV. v. 620. *Dion. Halicarn.* Antiqq. Rom. L. I.

**) Dejà de traits en l'air s'élevoit un nuage;
Dejà coulait le ſang prèmice du carnage.
Racine, Iphig. Acte V., Sc. dern.

seiner Vaterstadt empor steigt. Sie eilen, den Fürsten mit offnen Armen zu empfangen, der ihnen durch so viele Orakel verkündigt ist, der ihnen aus dem Innern Asiens seine Götter, ein ganzes Geschlecht von Helden, und die Verheissung der Herrschaft über die Welt bringt. Latinus bietet ihm einen Wohnsitz und seine Tochter an. *) Welch ein theatralischer Zug! Wie würdig war er der Majestät des epischen Gedichts, und der Feder Virgil's! Man vergleiche damit, wenn man es wagt, die Gesandtschaft des Ilioneus, den Pallast des Latinus, und die Rede des Monarchen! **)

XXXVIII. Der Dichter, ich sag' es noch einmal, mag immer etwas wagen, wenn nur der Leser in seinen Dichtungen eben den Grad des Vergnügens findet, welchen die Wahrheit und die schicklichen Umstände der Handlung ihm würden gewährt haben. Er muß nicht die Annalen eines Jahrhunderts über den Haufen werfen, um eine Antithese zu sagen. Die Erfindung wird diese Vorschrift nicht zu strenge finden, wenn sie bedenkt, daß die Empfindung für alle Menschen gehört, daß Kenntnisse nur der Antheil einer kleinen Anzahl von Menschen sind, und daß das Schöne mächtiger auf das Herz wirkt, als das Wahre auf den Verstand. Sie muß indessen auch bedenken, daß es Verirrungen

*) *Tit. Liv.* L. I. c. I.
**) *Virgil. Aeneid.* L. VII. v. 148 — 285.

gen giebt, die durch nichts unmerklich können gemacht werden. Milton's starke Einbildungskraft, Voltaire's wohlklingender Versbau, würden uns nimmermehr einen feigherzigen Cäsar, einen tugendhaften Katilina, einen Heinrich IV. als Besieger der Römer, erträglich machen. Kurz, die Charaktere großer Männer, müssen unangetastet bleiben; aber die Dichter dürfen dennoch ihre Geschichte nicht sowohl so. schreiben, wie sie wirklich war, als, wie sie hätte seyn sollen; eine neue Schöpfung ist weniger anstößig, als wesentliche Veränderungen, weil diese einen Irrthum, und jene nur bloße Unwissenheit voraussetzen; und endlich lassen sich Zeiten eher, als Oerter, einander nahe bringen.

Ohne Zweifel muß man gegen die entferntern Jahrhunderte Nachsicht haben, in welchen die Systeme der Chronologen Dichtungen der Poeten sind, nur die Verzierung und Belustigung ausgenommen. Wer die Episode von der Dido verwerflich zu finden wagt, ist mehr Philosoph, oder weniger Mann von Geschmack, als ich. *)

XXXIX.

*) Es ist indeß noch die Frage, ob diese Episode der wahren Zeitrechnung zuwider läuft. In dem wahrscheinlichen System des Ritters Newton sind Aeneas und Dido Zeitgenossen. 1) Die Römer mu-

1) *Newton's* Etymology of ancient Kingdoms reformed, p. 32.

XXXIX. Je tiefer man in die Wissenschaf=
ten eingedrungen ist, desto mehr hat man einge=
sehen, daß sie alle mit einander genau verknüpft
sind.

musten mit der Geschichte Karthago's besser be=
kannt seyn, als die Griechen. Die Archive die=
ser Stadt waren nach Rom gekommen. 2) Die
punische Sprache war dort ziemlich bekannt. 3)
Die Römer befragten gern die Afrikaner über ihre
Urgeschichte. 4) Ausserdem befolgt Virgil —
und das entschuldigt ihn zur Gnüge — eine Zeit=
rechnung, die mehr mit Newton's Berechnungen,
als mit denen vom Eratosthenes, übereinstimmt.
Vielleicht hört man die Beweise dieser Behaup=
tung nicht ungern. —

Sieben Jahre waren kaum hinreichend für den
Zorn der Juno, und für die Reisen des Aeneas.
Dies sagt Dido.

> Nam te iam septima portat
> Omnibus errantem terris et fluctibus ætas.
> *Aeneid.* L. I. v. 755.

Einige Monate nachher landete er am Ufer der
Tiber. Hier erschien ihm der Gott des Flusses,
weissagte ihm neue Gefechte, gab ihm aber auch
Hoffnung sein Ungemach glücklich geendigt zu se=
hen.

2) Universal History, T. XVIII., p. III. f. —
3) *Plauti* Pœnulus, Act. V. Sc. I. — 4) *Sal=
lust.* Bell. Jugurth. c. 17. *Ammian. Marcellin.*
L. XXII. Mem. de l'Acad. des Belles Lettres, T.
IV. p. 464.

sind. Man fand, daß sie einem ungeheuern Walde glichen. Beim ersten Anblicke schienen alle Bäume, woraus derselbe bestand, einzeln und

hen. Ein Wunderzeichen bestätigte das Orakel. Eine am Ufer liegende Sau deutete durch ihre dreißig Jungen, die um sie her waren, die Anzahl der Jahre an, welche vorher noch verfließen müßten, ehe der junge Askanius den Grund zur Stadt Alba legen konnte:

> Jamque tibi, ne vana putes hæc fingere somnum,
> Littoreis ingens inventa sub ilicibus sus,
> Triginta capitum foetus enixa, jacebit;
> Alba, solo recubans, albi circum ubera nati.
> Hic locus urbis erit, requies ea certa laborum.
> Ex quo ter denis urbem redeuntibus annis
> Ascanius clari condet cognominis Albam.
>
> *Aeneid.* L. VIII. v. 42.

Diese Stadt blieb dreihundert Jahre hindurch der Sitz des Reichs, und die Wiege der Römer:

> Hic iam ter centos totos regnabitur annos
> Gente sub Hectorea.
>
> L. I. v. 272.

So läßt Virgil den Jupiter reden. Unsre Zeitbestimmer bekümmern sich wenig darum, den Donnergott Wort halten zu lassen. Sie lassen die Stadt Alba durch den Tullus Hostilius beinahe fünfhundert Jahr nach ihrer Gründung, und ungefähr hundert Jahre nach Rom's Erbauung zerstören.

5) In

und für sich zu seyn; wenn man sie aber genauer betrachtete, so fand man, daß alle die Wurzeln mit einander verflochten waren.

5) In Newton's System hingegen wird alles ins Gleiche gebracht. Setzt man die Eroberung von Troja in das Jahr 904, und nimmt darauf einen Zwischenraum von 337 Jahren an; so führt uns das auf 567,60 Jahre nach den Palilien, ein Zeitpunkt, der völlig mit der Regierung des dritten Nachfolgers des Romulus zusammentrifft. 6) Eine alte, vom Plutarch aufbehaltene, Tradition stimmt damit genau überein. 7) Man entdeckte die Bücher des Numa 181 Jahr vor Christi Geburt vierhundert Jahre nach dem Tode dieses Königs, und dem Anfange der Regierung des Hostilius. Numa starb also 581 Jahr vor der christlichen Zeitrechnung. Wie sinnreich war es von dem Dichter, daß er den Augenblick ergrif, in welchem Aeneas zu Karthago landete, um seinen Kunstrichtern auf die einzige Art zu antworten, welche die Schnelligkeit seiner Fortschritte, und die Größe seines Gegenstandes ihm verstatteten! Er giebt ihnen zu verstehen, daß in seinen Voraussezungen die Zusammenkunft der Dido und des Aeneas keine bloße poetische Freiheit ist. Virgil ist nicht der einzige, der die gemeine Zeitrechnung der lateinischen Könige zweifelhaft gemacht hat. Ich vermuthe sogar, daß er seine Ideen aus den Werken seines Zeitgenossen, Trogus Pompejus,

5) S. die Chronolog. Tafeln des Helvikus a. C. 656. C. — 6) *Newton's* Chronol. p. 52. C. — 7) *Plutarch.* in Numa.

Es giebt kein einziges Studium, sey es auch noch so geringfügig und unbekannt, welches nicht zuweilen für die erhabenste und noch so sehr

pejus, geschöpft habe. Dieser Geschichtschreiber, der Nebenbuhler eines Livius und Sallust, 8) gab dem Königreiche Alba die nämliche Dauer von dreihundert Jahren. Wäre seine Universalgeschichte nicht verloren gegangen, so würden wir darin vermuthlich die genauern Umstände und die Beweise dieser Meinung finden. Jetzt müssen wir uns begnügen, bloß die Darlegung derselben in seinem Abkürzer zu lesen: Albam Longam condidit, quæ trecentis annis caput regni fuit. 9) — Livius selbst, dieser Vater der römischen Geschichte, der zuweilen so viel Anhänglichkeit an die einmal angenommene Zeitrechnung verräth, 10) aber auch gemeiniglich über die schwierigen Punkte auf eine Art hinwegschlüpft, die zugleich seine Wahrheitsliebe und seine Unkunde verräth, scheint sich in diesen entfernten Zeiten auf seine Führer nicht zu verlassen. Nichts wäre natürlicher, als daß er die Dauer der Regierung jedes von ihm erwähnten Königs der Lateiner bemerkt hätte, (B. I. Kap. 9.) Ueber diesen Punkt aber schweigt er. Nichts wäre nöthiger gewesen, als wenigstens die Zwischenzeit zwischen dem Aeneas und Romulus zu bestimmen. Auch das thut er nicht. Noch mehr. „Die Zerstörung Alba's, sagt er, geschah vierhundert Jahr nach dessen Erbauung. (B. I.

---

8) *Flav. Vopisc.* in proœm. *Aureliani.* — 9) *Justin.* L. XLIII., c. I. 10) *Tit. Liv.* L. I. c. 18. u. a. m.

sehr entlegne Kenntniß Thatsachen, Aufklärungen und Einwürfe darbietet. Gern verweile ich mich bei dieser Betrachtung. Man muß den verschiednen Nationen und Ständen ihre gegenseitigen Bedürfnisse begreiflich machen. Man zeige den Engländern die Vortheile der Franzosen; man lehre den Physiker und Arzt die Hülfe kennen, welche die Literatur ihm leisten kann. Die Selbstliebe wird das ergänzen, was man aus Bescheidenheit unterdrückt hat. Auf diese Weise verbreitet sich die Philosophie immer mehr; und die Menschheit gewinnt dabei. Die Menschen waren Nebenbuhler; jetzt sind sie Brüder.

XL. In allen Wissenschaften stützen wir uns auf Gründe und auf Thatsachen. Ohne jene würden unsre gelehrten Bemühungen chi-

(B. I. Kap. 29.) Wenn man hundert Jahre für die Regierungen des Romulus und Numa, und für die Hälfte der Regierung des Hostilius wegnimmt, so bleiben dreihundert Jahre, statt vierhundert, übrig, welche wir nach der Zeitrechnung des Eratosthenes annehmen müßten. Livius ist also beinahe mit dem Virgil einstimmig; und die kleine Verschiedenheit ihrer Angaben bestätigt vielmehr ihre Uebereinkunft, als daß sie dieselbe zweifelhaft machen sollte. Ich sehe einen Einwurf voraus, der aber einer der unbedeutendsten ist. Darauf antworten, hieße sich Ungeheuer schaffen, um sie bekämpfen zu können. Ich schließe also diese, schon zu lange, Abschweifung.

mdrisch seyn; ohne diese letztern wären sie blind und vergeblich. Beiderlei Grundlagen finden sich bei den schönen Wissenschaften. Alle Disciplinen der Naturwissenschaft, die sehr oft unter einer anscheinenden Geringfügigkeit wahre Größe verbirgt, sind es gleichfalls. Wenn die Naturkenntniß ihre Büffon's hat, so hat sie auch, um in der Modesprache zu reden, ihre Gelehrten. Die Kenntniß des Alterthums bietet ihnen beiden eine reiche Erndte von Thatsachen dar, welche geschickt sind, die Natur zu enthüllen, oder wenigstens diejenigen, welche sie studiren, daran zu verhindern, daß sie nicht eine Wolke für eine Gottheit ansehen. Wie viel Einsichten schöpft nicht der Arzt aus der Beschreibung der Pest, welche Athen verheerte? Ich bewundre mit ihm die majestätische Stärke des Thucydides, die Kunst und den Nachdruck des Lukrez; *) aber er geht noch weiter; er lernt in dem Unglücke der Athenienser das Elend seiner Mitbürger kennen.

Ich weiß, daß sich die Alten wenig auf die Naturwissenschaften legten; daß sie, aus Mangel an Instrumenten, und fremder Hülfe bei ihren Arbeiten, nur eine kleine Anzahl von Wahrnehmungen, mit Ungewißheit vermischt, sammeln konnten, die noch dazu durch den
Raub

---

*) Thucydid. L. I. —— Lucret. de Rer. Nat. L. V. v. 1136 ff.

Raub der Zeit vermindert, und auf gut Glück in eine große Menge von Büchern zerstreut wurden; *) aber berechtigt uns Armuth zur Nachläßigkeit? Die Thätigkeit des menschlichen Geistes wird durch Schwierigkeiten ermuntert. Die Nothwendigkeit kann unmöglich eine Mutter der Unthätigkeit werden.

XLI. Selbst die eifrigsten Vertheidiger der Neuern werden vermuthlich die Hülfsmittel nicht leugnen, welche die Alten besaßen, und die uns fehlen. Mit Schaudern erinnere ich mich hier an die blutigen Schauspiele der Römer. Der weise Cicero verabscheute und verachtete sie. **) Die Einsamkeit und Stille mach-

---

*) Herr Freret hielt die philosophischen Wahrnehmungen der Alten für genauer, als man sie gewöhnlich anzusehen pflegt. Wer das Genie und die Einsichten dieses Gelehrten kennt, fühlt das Gewicht seines Zeugnisses. S. Mem. de l'Acad. des Inscr. T. XVIII., p. 97.

**) Cicero beneidet das Schicksal seines Freundes Marius, der während der Zeit, worin die prächtigen Schauspiele des Pompejus gegeben wurden, der ländlichen Ruhe genoß. Er redet mit ziemlicher Verachtung von den übrigen Spielen; vornehmlich aber verweilt er sich bei den Gefechten der wilden Thiere: „Reliquæ sunt venationes, binæ per dies quinque; magnifice, nemo negat, sed quæ potest homini esse polito delectatio, cum aut homo imbecillus a valentissima bestia laniatur, aut præclara bestia venabulo transverberatur." ?

machten auf ihn weit ſtärkern Eindruck, als jene Meiſterſtücke der Pracht, des Schauders, und des ſchlechten Geſchmacks. *) Und in der That iſt das Wohlgefallen an Mord und Wuth nur bloß eines rohen Haufens wilder Völker würdig. Man konnte keine Palläſte für Thiergefechte errichten, als bei einem Volke, welches Theaterverzierungen ſchönen Verſen, und die Maſchinen den Situationen vorzog. **) Aber ſo waren die Römer; ihre Tugenden, ihre Laſter, und ſogar ihre Lächerlichkeiten, hiengen alle mit ihrer herrſchenden Grundneigung, mit der Vaterlandsliebe, zuſammen.

Indeſſen mußten jene Schauſpiele, die ſo ſchrecklich in den Augen des Philoſophen, ſo kindiſch in den Augen des Mannes von Geſchmack ſind, dem Naturforſcher ſehr viel werth ſeyn. Man denke ſich, daß die ganze Welt erſchöpft wurde, um Thiere zu dieſen Spielen herzugeben, daß die Schätze der Reichen, und die Macht der Großen aufgeboten wurden, um Geſchöpfe ausfündig zu machen, die ſich durch ihre Geſtalt, durch ihre Stärke, oder durch ihre Seltenheit auszeichneten, um ſie in Roms Amphitheater zu liefern, und um das Thier ganz in aller ſeiner Kraft und Thätigkeit zu ſehen. ***) Dies mußte eine trefliche
Schul-

---

*) *Cic.* ad Familiar. L. VIII. Ep. I.
**) *Horat.* L. II. Ep. I. v. 187.
***) Eſſais de *Montaigne*, Vol. III., p. 140.

Schule seyn, vornehmlich für jenen edelsten Theil der Naturgeschichte, welcher sich mehr damit beschäfftiget, die Natur und die Eigenschaften der Thiere zu studiren, als ihre Knochen, Muskeln und Sehnen zu beschreiben. Man muß nicht vergessen, daß Plinius diese Schule besucht hatte, und daß die Unwissenheit zwei Töchter hat, den Unglauben und die Leichtgläubigkeit. Wir müssen unsre Freiheit nicht minder gegen jenen, als gegen diese, vertheidigen.

XLII. Verläßt man diesen Schauplatz, um einen andern von weit größern Umfange zu betreten, und um zu untersuchen, was für Länder und Gegenden den Naturforschern und Naturkundigen des Alterthums unterworfen waren; so werden wir uns nicht beklagen dürfen.

Ich weiß, daß uns die Schiffahrt eine neue Halbkugel entdeckt hat; aber ich weiß auch, daß die Entdeckung eines Seefahrers, und die Reise eines Kaufmannes nicht immer die Welt in dem Grade aufklären, wie sie dieselbe bereichern. Die Gränzen der bekannten Welt sind enger, als der Umfang der materiellen Welt; und die Schranken der aufgeklärten Welt sind noch enger. Zur Zeit des Plinius, des Ptolomäus, und des Galienus, war schon Europa, wie jetzt, der Sitz der Wissenschaften; aber Griechenland, Asien, Syrien,

Aegypten, Afrika, lauter Länder, die an Wundern ergiebig sind, waren auch mit Augen erfüllt, welche würdig waren, sie zu sehen. Dieser ganze große Volkskörper war durch Frieden, durch Gesetze und Sprache mit einander vereinigt. Der Afrikaner und der Britte, der Spanier und der Araber, trafen einander in der Hauptstadt an, und unterrichteten einander wechselsweise. Dreißig von den vornehmsten Römern, oft selbst aufgeklärt, oder wenigstens allemal von aufgeklärten Männern begleitet, *) reisten jährlich aus der Hauptstadt ab, um die Provinzen zu regieren; und wenn sie auch noch so wenig eigne Wißbegierde besaßen, so bahnte doch ihr Ansehen der Wissenschaft den Weg.

XLIII. Ohne Zweifel erfuhr es Tacitus von seinem Schwiegervater Agrikola, daß das Weltmeer Großbritannien überschwemmte, und dies Land zu einem Sammelplatz von Morästen machte. **) Herodian bestätigt uns diesem Umstand. ***) Und doch ist gegenwärtig, einige Stellen ausgenommen, das Erdreich unsrer Insel ziemlich erhaben. ****)

Sollte

---

*) *Strabo*, L. XVII., p. 816., ad. *Casaub.*]

**) *Tacit.* in vita *Agricolæ*, c. X.

***) *Herodian*. Hist. L. III. c. 47.

****) Hier sind Herodian's eigne Worte: τὰ γὰρ πλεῖσα τῆς βρετανῶν χώρας ἐπικλυζόμενα ταῖς τῦ ὠκεανῦ συνεχῶς ἄμπωπισιν ἐλώδη γίνεται.—

Taci-

Sollte man diesen Vorfall unter diejenigen zählen können, welche das System von der Verminderung der Gewässer bestätigen? Oder wird man unter den menschlichen Veranstaltungen Mittel auffinden, ein Land vor dem Einbruche des Oceans zu sichern? Das Schicksal der pomptinischen Sümpfe, *) und einiger andern, würde uns doch einen ziemlich schlechten Begrif von solchen Anstalten geben. Wie dem auch sey, so begnüge ich mich, hier einigen Stof gegeben zu haben, dessen Verarbeitung ich

Tacitus drükt sich noch stärker aus: Unum addiderim, nusquam latius dominari mare; multum fluminum huc atque illuc ferri; nec littore tenus accrescere aut resorberi, sed influere penitus atque ambire; etiam iugis atque montibus influere velut in suo.

*) Der Konsul Cethegus trocknete diese Sümpfe aus, im Jahre Roms 592. Zur Zeit des Julius Cäsar waren sie aufs neue überschwemmt. Dieser Diktator war Willens, daran arbeiten zu lassen. Es scheint, daß es August gethan habe; nur zweifle ich, daß seine Bemühungen besseren Erfolg, als die vorigen, gehabt haben. Wenigstens heissen sie beim Plinius noch Sümpfe. Horaz hatte es gewissermaßen geweissagt:

Debemur morti nos nostraque,
Sterilis ut palus dudum aptaque remis
Vicinas urbes alit, et grave sensit aratrum.

S. *Freinshem.* Suppl. L. XLVI., c. 44. *Sueton,*
in *Caes.* c. 44. *Plin.* H. N. L. III., c. 5.

ich den Naturforschern überlasse. Man lernt es wahrlich nicht bei den Alten, keiner Sache auf den Grund zu kommen, alles nur obenhin zu berühren, und mit der größten Dreistigkeit von Dingen zu reden, die man am wenigsten versteht.

XLIV. „Nächst dem Unterscheidungsvermögen, sagt der scharfsinnige la Bruyere, sind die Perlen und Diamanten das Seltenste auf der Welt." Ich setze ohne Bedenken den philosophischen Geist noch über das Unterscheidungsvermögen. Er ist das, wovon man in der Welt das meiste Rühmens macht, und der doch am wenigsten und seltensten zu finden ist. Es giebt keinen Schriftsteller, der nicht darnach trachtet. Gern opfert er dafür alle Wissenschaft auf. Dringt man nur ein wenig in ihn, so giebt er zu, daß eine strenge Kritik den freien Flug des Genies aufhalte; aber er versichert uns immer, daß der philosophische Geist, der aus seinen Schriften hervorleuchtet, den Charakter unsers jetzigen Zeitalters ausmache. Der philosophische Geist einiger wenigen großen Männer hat, seiner Meinung nach, den Geist des Zeitalters gebildet. Dieser hat sich über alle Stände verbreitet, und ihnen dagegen würdige Nachfolger im Voraus gesichert.

XLV. Wenn wir indeß die Augen auf die Werke unsrer Weisen werfen wollten; so würde ihre

ihre große Verschiedenheit uns über die Natur dieses Talents in Ungewißheit lassen; und dadurch könnte es uns denn wohl zweifelhaft werden, ob er ihnen wirklich zu Theil geworden sey. Bei einigen besteht er darin, alle neue Wege zu scheuen, und jede herrschende Meinung anzufechten, sie mag nun von einem Sokrates, oder von einem portuglesischen Inquisitor herrühren, bloß darum, weil sie herrschend ist. Bei andern ist dieser philosophische Geist mit der Geometrie einerlei, dieser herrschenden Königin, die sich nicht damit begnügt, zu herrschen, sondern ihre Schwestern in die Acht erklärt, und jedes Raisonnement seines Namens für unwürdig hält, wenn es nicht Linien und Zahlen betrifft. Man muß dem kühnen Geiste alle Gerechtigkeit wiederfahren lassen, dessen Verirrungen selbst oft zur Wahrheit hingeleitet haben, und dessen Ausschweifungen selbst, gleich den Empörungen der Völker, dem Despotismus eine wohlthätige Furcht einflößen. Man kann es innigst fühlen, wie viel man dem geometrischen Geiste zu verdanken hat; und doch muß man für den philosophischen Geist einen vernünftigern Gegenstand, als jenen, und einen allgemeinern, als diesen, aufsuchen. —

XLVI. Wer mit den Schriften eines Cicero, eines Tacitus, Bacon, Leibnitz, Bayle, Fontenelle und Montesquieu, vertraut

traut worden ist, der wird sich davon einen eben so richtigen und noch weit vollkommenern Begrif gemacht haben, als derjenige ist, den ich davon zu geben versuchen will.

Der philosophische Geist besteht in dem Vermögen, zu einfachen Ideen hinauf zu steigen; die ersten Grundsätze zu finden, und mit einander zu verknüpfen. Der Blick seines Besitzers ist treffend, aber zugleich weit umfassend. Auf einer Höhe gestellt, umschließt er eine große Strecke Landes, wovon er sich ein bestimmtes und einziges Bild entwirft, indeß daß eben so richtig denkende, aber eingeschränktere, Köpfe nur einen Theil davon entdecken. Er kann geometrisch, antiquarisch, musikalisch, seyn; aber er ist immer philosophisch; und durch das Vermögen, in die ersten Grundsätze seiner Kunst einzudringen, erhebt er sich über sie hinaus. Er findet sich bei der kleinen Anzahl von Genies, die immer mehr daran arbeiten, jene erste Wissenschaft zu bilden, welcher, wenn sie zur Vollkommenheit gebracht wäre, alle übrige unterworfen seyn würden. In diesem Verstande genommen, ist dieser Geist nichts weniger als gemein. Es giebt Köpfe genug, die fähig sind, einzelne Ideen richtig zu fassen; aber es giebt nur wenige, die in Eine einzige abgezogne Idee eine zahlreiche Menge andrer minder allgemeiner Ideen einschließen können.

XLVII.

XLVII. Welches Studium kann diesen Geist bilden? Ich kenne keines. Er ist Gabe des Himmels; der große Haufe kennt ihn nicht, oder verachtet ihn. Die Weisen wünschen ihn; einige haben ihn erhalten, keiner erwirbt ihn sich. Aber ich glaube, daß das Studium der Litteratur, jene Fertigkeit, bald Grieche, bald Römer, bald Schüler des Zeno, bald des Epikur, zu werden, sehr geschickt dazu sey, ihn zu entwickeln und zu üben. Mitten unter dieser Verschiedenheit der Köpfe, bemerkt man eine allgemeine Gleichförmigkeit unter denen, welchen ihr Zeitalter, ihr Vaterland, ihre Religion eine fast völlig ähnliche Art, die nämlichen Gegenstände zu betrachten, eingeflößt hat. Köpfe, die auch noch so frei von Vorurtheilen sind, können sich davon nicht gänzlich los machen. Ihre Vorstellungen haben ein paradoxes Ansehen; und wenn sie gleich ihre Fesseln zerbrochen haben, so merkt man doch noch, daß sie dieselben trugen. Ich suche bei den Griechen Begünstiger der Demokratie, bei den Römern enthusiastische Patrioten; bei den Untherthanen eines Kommodus, Severus und Karakalla, Verfechter der unbeschränkten Gewalt; und bei dem Epikur des Alterthums *) die Verwerfung seiner Religion.
Welch-

*) Seit der Verbreitung des epikurischen Systems fieng man an, sich ziemlich öffentlich über die herrschende Religion zu erklären, und dieselbe bloß
als

Welch ein Schauspiel für den ächt philosophischen Geist, wenn er sieht, daß die ungereimtesten Meinungen von den aufgeklärtesten Völkern angenommen werden; daß Barbaren zur Erkenntniß der erhabensten Wahrheiten gelangen; daß man wahre, aber nicht richtige, Folgerungen aus den irrigsten Grundsätzen herleitet; wenn die herrlichsten Grundsätze der Wahrheit immer nahe kommen, ohne jemals zu derselben zu leiten; wenn die Sprache sich nach den Begriffen bildet, und die Begriffe durch die Sprache gerechtfertigt werden; wenn die Quellen der Sittenlehre überall die nämlichen sind; wenn die Meinungen der streitsüchtigen Metaphysik überall von einander abweichen, und gemeiniglich übertrieben werden; nur bestimmt und genau, so lange sie die Oberfläche berühren, aber immer spitzfindig, dunkel, ungewiß, so bald sie sich anmaßen, tief auf den Grund zu gehen. Eine irokesische Schrift, wäre sie auch voller Ungereimtheiten, würde doch immer von unschätzbarem Werthe seyn. Sie würde eine in ihrer Art einzige Erfahrung von der Natur des menschlichen Geistes geben, der in Umstände versetzt wäre, die wir niemals erlebt haben, und von Sitten, und Religionsbegriffen beherrscht, die uns völlig fremd seyn würden. Zuwei-

als eine bürgerliche Anstalt zu betrachten. S. *Lucret.* de Nat. Rer. L. I. v. 62 ff. *Sallust.* in bello Catilin. c. 51. *Cic.* pro Cluent. c. 61.

Zuweilen würden wir von dem Widerspruche der daraus entstehenden Begriffe betroffen und belehrt werden; wir würden die Gründe davon aufsuchen; wir würden dem Geiste von einem Irrthum zum andern folgen. Zuweilen würden wir auch mit Vergnügen unsre Grundsätze wiederfinden, aber auf andern Wegen entdeckt, und fast immer abgeändert und verschieden. Wir würden alsdann die Gewalt der Vorurtheile nicht nur bekennen, sondern auch fühlen lernen, nicht mehr sogleich über alles, was uns höchst ungereimt dünkt, in Erstaunen gerathen, und oftmals gegen Dinge mißtrauisch werden, die uns völlig ausgemacht zu seyn dünken.

Gern bemerke ich es, wenn die Urtheile der Menschen einen Anstrich von ihren Vorurtheilen annehmen; wenn sie es nicht wagen, aus Grundsätze, die sie für richtig erkennen, Folgerungen herzuleiten, von denen sie es doch fühlen, daß sie treffend und bündig sind. Gern überrasche ich sie, wenn sie eben das an barbarischen Nationen verabscheuen, was sie bei dem Griechen bewundern, und einerlei Vorfälle bei den Heiden für gottlos, bei den Juden für fromm und heilig erklären. —

Ohne diese philosophische Kenntniß des Alterthums, würden wir dem menschlichen Geschlechte allzu viel Ehre erweisen. Die Herrschaft

schaft der Gewohnheit würde uns nicht genug bekannt seyn. Jeden Augenblick würden wir das Unglaubliche und Ungereimte mit einander vermengen. Die Römer waren aufgeklärt; aber diesen nämlichen Römern war es nicht anstößig, im Cäsar einen Gott, einen Priester, und einen Gottesleugner vereint zu sehen. *) Er ließ seiner Leutseligkeit Tempel errichten. **) Als Mitgenosse des Romulus ließ er sich von der Nation Gelübde und Wünsche darbringen. ***) Seine Bildsäule lag an den geweihten Festen dicht neben der Bildsäule Jupiter's, den er einen Augenblick hernach selbst anrufen wollte. †) Von diesem eiteln
Prunk

*) Gottesleugner, indem er, wo nicht das Daseyn, doch wenigstens die Fürsehung der Gottheit leugnete; denn Cäsar war Epikurder. Wer Lust hat, zu sehen, wie ein sinnreicher Kopf eine sonnenklare Wahrheit verdunkeln kann, wird die Zweifel mit Vergnügen lesen, welche Bayle über Cäsar's Gesinnungen zu verbreiten gewußt hat. S. den Art. Cäsar in s. Wörterb.

**) S. Mem. de l'Acad. des Inscr. T. I. p. 369. C.

***) Cic. ad Attic. L. XII. Ep. 46. C. L. XIII. Ep. 28.

†) Cäsar war der vornehmste Priester; und dies Priesterthum war für die Kaiser kein leerer Titel. Die schönen Abhandlungen des Herrn de la Bastie über das Pontifikat der Kaiser werden die Ungläubigen über diese Sache, wenn es anders dergleichen giebt, hinlänglich überführen. Vornehm-

Prunk ermüdet, suchte er den Pansa und Trebatius auf, um mit ihnen über die Leichtgläubigkeit des Volks, und über jene Götter zu spotten, welche die Frucht und der Gegenstand seiner Furcht waren. *)

XLVIII.

nehmlich lese man die dritte dieser Abhandlungen, in den Mem. de l'Acad. des Inscr. et B. L. & T. XV., p 39.

*) Lukrez, welcher von Natur jenen Enthusiasmus der Phantasie besaß, welcher große Dichter und Mißionäre erzeugt; und er wollte alles beides seyn. Ich würde den Theologen bedauren, der nicht gegen den letztern, aus Liebe für den erstern, Nachsicht hätte. Nachdem Lukrez dies Daseyn der Gottheit wider seinen Willen bewiesen hat, indem er die Erscheinungen der Natur aus allgemeinen Ursachen herleitet, untersucht, wie sich der Irrthum, den er bestreitet, aller Köpfe habe bemächtigen können. Er entdeckt davon drei Ursachen: 1) unsre Träume. Wir sehen darin Wesen und Wirkungen, die wir nicht in der Welt antreffen; und sogleich legen wir ihnen eine Existenz und eine unermeßliche Macht bei. 2) Unsre Unkunde der Natur, die uns bewegt, überall zur Einwirkung einer Gottheit unsre Zuflucht zu nehmen. 3) Unsre Furcht, die Folge dieser Unwissenheit. Diese treibt uns, vor den Unfällen, welche die Erde verheeren, zu zittern, und macht, daß wir durchs Beten irgend ein unsichtbares strafendes Wesen zu besänftigen suchen. Lukrez drückt diese letzte Ursache mit einer hinreissenden Stärke und Schnelligkeit

XLVIII. Die Geschichte ist für einen philosophischen Geist eben das, was das Spiel für den Marquis von Dangeau war. *) Er sah da ein System, Beziehungen, und regelmäßige Folge, wo andre nichts, als den Eigensinn des blinden Glücks, wahrnahmen. Diese Wissenschaft ist für ihn das Studium der Ursachen und Wirkungen. Sie verdient es wohl, daß ich darüber einige Regeln festzusetzen suche, die nicht dazu dienen sollen, das Genie zum Aufkeimen zu bringen, sondern es vor Verirrungen zu bewahren. Hätte man sie immer wohl erwogen, so würde man vielleicht nicht so oft Spitzfindigkeit für Feinheit des Witzes, Dunkelheit für Tiefsinn, und einen Anschein von Paraligkeit aus. Er giebt uns nicht Zeit, sie zu prüfen:

> Præterea cui non animus formidine Divum
> Contrahitur? cui non corepunt membra pavore,
> Fulminis horribili cum plaga torrida tellus
> Contremit, et magnum percurrunt murmura cœlum?
> Non populi, gentesque tremunt? Regesque superbi
> Conripiunt Divum perculsi membra timore,
> Ne quod ob admissum fœde dictumve superbe
> Pœnarum grave sit solvendi tempus adductum.
>
> *Lucret.* de Rer. Nat. L. V. v. 126 ff.

*) S. *Fontenelle*, dans l'Eloge du Marq. *de Dangeau.*

Paradoxie für schöpferisches Genie, gehalten haben.

XLIX. Unter der Menge von Thatsachen giebt es viele, und gerade die meisten, die nichts weiter, als ihre eigne Existenz, beweisen. Auch giebt es manche, die sich gar wohl in einer bloß einzelnen Folgerung anführen lassen, woraus der Philosoph von den Triebfedern einer Handlung, und von einem Zuge des Charakters urtheilen kann; sie erläutern nur bloß ein Glied von der Kette. Thatsachen, welche in dem allgemeinen System herrschend, mit demselben innig verknüpft sind, und die Triebfedern desselben in Bewegung gesetzt haben, giebt es nur sehr wenige; und noch seltner ist es, Köpfe anzutreffen, welche sie in dem weiten Chaos von Begebenheiten aufzuspähen, und sie rein und unvermischt aus demselben herauszuheben wissen.

Für diejenigen, welche mehr Urtheilskraft als Gelehrsamkeit besitzen, wird die Erinnerung kaum nöthig seyn, daß man allemal die Ursachen mit ihren Wirkungen in ein gehöriges Verhältniß setzen, nicht auf der Handlung eines einzelnen Menschen den Charakter eines ganzen Zeitalters bauen, nicht in einer einzigen gewaltsamen und verderblichen Unternehmung das Maaß der Kräfte und Reichthümer eines ganzen Staats suchen, und immer daran denken

ken muß, daß man nur aus dem gesammelten Ganzen schließen dürfe; daß eine hervorstechende Handlung wie ein Blitz leuchtet, aber wenig unterrichtet, wenn man sie mit andern von eben der Art vergleicht. Das römische Volk bewies durch die Wahl des Kato, daß es sich lieber zurechtweisen, als sich schmeicheln ließ, *) in eben dem Zeitalter, wo es die männliche Strenge in der Person des *Livius Salinator* verdammte. **)

L. Lieber halte man sich an diejenigen Thatsachen, die sich von selbst darbieten, ein System zu bilden, als an die, welche man erst entdeckt, wenn man dies System schon gebildet hat. Oft muß man kleine Züge glänzenden Handlungen vorziehen. Es ist mit einem Zeitalter oder mit einer ganzen Nation eben so, wie mit einem einzelnen Menschen. Alexander enthüllt seine Sinnesart mehr im Gezelte des Darius, ***) als in den Gefilden von Gagmela. Ich erkenne die Wildheit der Römer eben so sehr, wenn ich sie einen Unglücklichen im Amphitheater verurtheilen sehe, als wenn sie einen gefangnen König am Fuße des Kapitols erwürgen. Bei Kleinigkeiten giebt es

*) *Liv.* L. XXXIX, c. 40. *Plutarch.* in vita *Caton.*
**) *Liv.* L XXIX., c. 37.
***) *Quint. Curt.* de Reb. Gest. *Alexandri M,* L. III., c. 32.

es keine große Zurüstung. Man entkleidet sich, wenn man hofft, nicht gesehen zu werden; aber der Wißbegierige dringt auch in die geheimsten Verborgenheiten. Um entscheiden zu können, ob die Tugend bei irgend einem Volke in einem gewissen Zeitalter herrschend war, geb' ich mehr auf seine Handlungen Acht, als auf seine Reden. Um es als lasterhaft zu verdammen, merke ich mehr auf seine Reden, als auf seine Handlungen. Man lobt die Tugend, ohne sie zu kennen; man kennt sie, ohne sie zu fühlen; aber mit dem Laster ist es ganz etwas anders. Man ergiebt sich demselben aus Leidenschaft; man rechtfertigt es aus Ueberfeinerung. Ausserdem giebt es immer und überall große Verbrecher. Wenn aber das Verderbnis nicht allgemein ist, so haben diese doch noch einige Scheu für ihr Zeitalter. Ist dieses lasterhaft, welches sie gar bald zu entdecken wissen, so verachten sie es; sie zeigen sich offenbar; sie trotzen seinen Urtheilen, oder sie hoffen, sich dieselben günstig zu machen. Auch irren sie sich darinn nicht. Wer zu den Zeiten des Kato das Laster verabscheuet hätte, begnügt sich in dem Zeitalter Tiber's, die Tugend zu lieben.

LI. Ich habe dieses Zeitalter mit Fleiß gewählt. Das Laster stieg damals auf den höchsten Gipfel. Tiber's Hofhaltung ist ein

Beweis davon; aber ein kleiner, vom Sueton und Tacitus aufbehaltener, Umstand versichert uns davon noch weit mehr. Es ist folgender. Die Tugend der Römer bestrafte die Unenthaltsamkeit ihrer Frauen mit dem Tode. *) Ihre Politik erlaubte den Buhlerinnen alle Ausschweifungen; **) und, um die Unordnung selbst

*) Die Römer vertrauten die Sorge für die Tugend ihrer Frauen, ihrer Familie. Diese versammelte sich, richtete darüber, wenn sie angeklagt war, verurtheilte sie zum Tode, und vollzog das Urtheil, wenn man sie schuldig befand. Auch vergab das Gesetz den Zorn eines Ehemannes oder Vaters, der den Buhler ums Leben brachte, vornehmlich wenn er von knechtischer Abkunft war. S *Plutarch* in *Romulo*. — *Dionyſ. Halic.* L. VII. — *Tacit.* Annal. L. XIII. — *Valer Max.* L. VI., c. 3·7. — *Roſini* Antiqq. Rom. L. VIII., p. 859 ff.

**) Die Rede des Micio beim Terenz, die Art, wie Cicero die Ausschweifungen seines Klienten entschuldigt, und die Ermahnung des Kato, lehren uns die Sittenlehre der Römer in dieser Rücksicht kennen. Sie tadelten die Ausschweifungen bloß dann, wenn dadurch der Bürger von seinen wesentlichen Pflichten abgezogen wurde.

Ihre Ohren waren eben so wenig sittsam, als ihr Verhalten. Nur wenige kennen die Kasina des Plautus; wer aber dieß elende Stück gelesen hat, kann es nicht begreifen, daß nicht mehr als vierzig bis funfzig Jahre zwischen diesem Possenspiele

selbst in Schranken zu halten, machte man aus ihnen eine besondre Innung Unterm Tiber schämte sich eine große Menge angesehener Weiber nicht, sich öffentlich vor ihren Aedilen zu stellen, sich in das Verzeichnis der Buhlerinnen eintragen zu lassen, und durch ihre eigne Unehre die Schranken zu durchbrechen, welche die Gesetze ihrer Entehrung entgegen stellten. *)

LII. Man sieht, wie schwer es ist, solche Thatsachen zu wählen, welche zu Grundlagen unsrer Bemerkungen und Betrachtungen dienen können. Die Nachläßigkeit oder der schlechte Geschmack eines Geschichtschreibers können uns aufimmer um einen einzelnen Zug bringen, wenn es ihnen nur darum zu thun ist, uns durch das Geräusch irgend einer Schlacht zu übertäuben.

Wenn

spiele und der Andrierinn des Terenz verflossen. Eine schmutzige Intrigue von Sklaven wird darin durch lauter, ihrer würdige, Einfälle und Zoten durchgeführt. Und doch sah man das Lustspiel des Plautus mit grösserm Vergnügen, und ließ es am öftersten wiederholen. Das waren nun die Sitten des zweiten punischen Krieges, das war jene Tugend, welche die Nachkommen der ältern Römer zurückwünschten und bewunderten. S. T.rent. Adelph. Act. I. Sc. 2. v. 38. —— —— Cic. pro Coelio, L. 17. —— Horat. Sat. L. I. sat 2. v. 29.—— Prolog. ad Casin. Plauti.

*) Sueton, in Tiber. c. 35. Tacit. Annal. L. II., c. 85.

Wenn die Philosophen nicht immer Historiker sind, so wäre doch wenigstens zu wünschen, daß die Historiker Philosophen wären.

Ich kenne sonst keinen, als den Tacitus, der meinem ganzen Begriffe von solch einem philosophischen Geschichtschreiber Genüge thäte. Der interessante Titus Livius selbst läßt sich in dieser Rücksicht nicht mit ihm vergleichen. Beide haben sich gar sehr über jene grobe Zusammenschreiber zu erheben gewußt, die in den Begebenheiten nichts weiter als Begebenheiten sehen; aber der eine schreibt die Geschichte als Redner, und der andre als Philosoph. Nicht, als ob Tacitus sich nicht auf die Sprache der Leidenschaften, und Livius nicht auf die Sprache der kältern Vernunft verstanden hätte; aber dieser bestrebt sich mehr, zu gefallen, als zu unterrichten, führt uns Schritt für Schritt seinem Helden auf dem Fuße nach, und flößt uns bald Schrecken, bald Bewunderung, bald Mitleid, ein. Tacitus bedient sich der Gewalt, welche die Beredsamkeit über das Herz hat, nur dazu, vor unsern Augen die Begebenheiten mit einander zu verketten, und unsern Verstand mit den weisesten Lehren anzufüllen. Ich klimme mit dem Hannibal über die Alpen; aber ich bin bei der Rathsversammlung Tiber's mit zugegen. Livius schildert mir den Mißbrauch der Gewalt; eine Strenge, welche

die

die Natur mit Entsetzen gut heißt; die Rache und die Liebe, welche sich mit der Freiheit vereinigen; die Tyrannei, welche unter ihren Streichen fällt: *) aber die Gesetze, der Decemviren, ihren Charakter, ihre Fehler, ihre Verhältnisse zu dem Genie des römischen Volks, zu der Parthei der Decemviren, zu ihren ehrsüchtigen Absichten, diese übergeht er gänzlich. Bei ihm sehe ich nicht, wie jene für einen beschränkten, armen, noch halb rohen, Staat gemachte Gesetze ihn da zu Grunde richteten, als die Macht seiner Verfassung ihn zum höchsten Gipfel der Größe gebracht hatte. Dies alles würde ich beim Tacitus gefunden haben. Das schließe ich nicht nur aus dem ganzen Anstriche seines Genies, sondern auch aus jenem kraftvollen und mannichfaltigen Gemählde, welches er von den römischen Gesetzen entwirft, diesen Kindern der Verderbnis, der Freiheit, der Billigkeit und der Partheisucht. **)

L.III. Der Rath jenes Schriftstellers, der, wie Fontenelle, Kenntnisse mit Geschmack vereinigt, ist eben nicht befolgenswerth. Ohne den kränkenden Namen eines bloßen Gedächtnißgelehrten zu scheuen, widersetze ich mich dem Ausspruche, wodurch dieser aufgeklärte, aber strenge Richter befiehlt, daß man am Schluß eines

*) *Liv.* L. III., c. 44-60.
**) *Tacit.* Annal. L. III., p. 84, ed. *Lipſ.*

eines Jahrhunderts alle Vorfälle desselben sammeln, einige derselben ausheben, und die übrigen den Flammen überliefern soll. *) Lieber wollen wir sie alle sorgfältig aufbewahren. Ein Montesquieu wird in den geringfügigsten Umständen Beziehungen entdecken, welche das gemeine Auge nicht bemerkt. Man mache es, wie die Pflanzenkenner. Nicht alle Pflanzen sind für die Arzneikunst brauchbar; und doch hören jene nicht auf, neue zu entdecken. Sie hoffen, das Genie und ein glücklicher Fleiß werden darinn bisher verborgene Eigenschaften wahrnehmen.

LIV. Die Ungewißheit ist für uns ein gezwungener Zustand. Der eingeschränkte Geist vermag sich nicht in jenem Gleichgewichte zu erhalten, dessen sich die Schule des Pyrrho rühmte. Das glänzende Genie läßt sich leicht durch seine eignen Vermuthungen blenden; es opfert die Freiheit den Hypothesen auf. Aus diesem Hange entstehen die Systeme. Man hat in den Handlungen eines Menschen Plan bemerkt; man hat einen herrschenden Ton in seinem Charakter wahrgenommen; und bloße Stubengelehrte haben dann sogleich versucht, aus allen Menschen eben so systematische Wesen im Handeln wie im Denken zu machen. Sie
fan-

*) *D'Alembert*, Melanges de Philos. et de Litt. Vol. II., P. I.

fanden Kunſt in ihren Leidenſchaften, Politik in ihren Schwächen, Verſtellung in ihrem Wankelmuth; kurz, aus lauter Begierde, dem menſchlichen Verſtande Ehre zu machen, lieſsen ſie oft dem menſchlichen Herzen nur gar zu wenig Ehre widerfahren.

Aus gerechtem Muthwillen gegen dieſe Ueberfeinerung, und aus Mißvergnügen darüber, daß man allen Menſchen Anſprüche beilegen ſah, die man bloß auf einen Philippus oder Cäſar hätte einſchränken ſollen, geriethen natürlichere Köpfe auf eine entgegengeſetzten Abweg. Sie verbannten die Kunſt aus der moraliſchen Welt, um den blinden Zufall in ihre Stelle zu ſetzen. Nach ihrer Meinung handeln die ſchwachen Sterblichen nach bloßem Eigenſinn. Die Wuth eines Wahnwitzigen gründet ein Reich; die Schwachheit eines Weibes richtet es zu Grunde.

LV. Die Erforſchung beſtimmter, aber allgemeiner Urſachen muß allen beiden willkommen ſeyn. Dieſe letztern ſehen gern, daß der Menſch erniedrigt wird, daß die Triebfedern ſeiner Handlungen ihm ſelbſt nicht bekannt ſind, daß er ein Spiel fremder Urſachen iſt, und der Freiheit eines jeden, dieſer Quelle einer allgemeinen Nothwendigkeit. Jene erſtern finden darin mit Vergnügen die Verkettung, welche ihnen

nen so sehr gefällt, und die Spekulationen, womit ihr Verstand sich nährt.

Welch eine weite Aussicht öfnet sich hier meinem Nachdenken! Die Theorie der allgemeinen Ursachen würde unter den Händen eines Montesquieu eine philosophische Geschichte des Menschen werden. Er würde ihn uns darstellen, wie er die Größe und den Fall der Reiche regiert, bald vom Glück, bald von der Klugheit, dem Muth, der Schwäche, Züge entlehnt; wie er ohne Mitwirkung besondrer Ursachen handelt, und zuweilen gar über sie Herr wird. Erhaben über die Vorliebe für seine Systeme, diese letzte Leidenschaft des Weisen, würde er es eingesehen haben, daß, ungeachtet des großen Umfangs dieser Ursache ihre Wirkung dennoch eingeschränkt ist, und daß sie sich vornehmlich in jenen allgemeinen Eräugnissen zeigt, deren langsamer aber gewisser Einfluß die Gestalt der Erdfläche verändert, ohne daß man den eigentlichen Zeitpunkt dieser Veränderung bemerken kann; und vornehmlich in den Sitten, der Religionen, und allem dem, was dem Joche der Meinung unterworfen ist. Dies wären einige von den Belehrungen, welche dieser Philosoph aus diesem Stofe würde gezogen haben. Ich meines Theils finde darinn bloß einen Anlaß zum Versuch im Nachdenken. Ich will hier einige interessante Umstände angeben, und hernach die Gründe davon anzuführen suchen.

LVI.

LVI. Wir kennen die heidnische Religion, dies lachende, aber widersinnige, System, welches die Welt mit Wesen der Einbildungskraft bevölkert, deren höhere Gewalt sie nur noch ungerechter und unvernünftiger, als die Menschen, macht. Was war die eigentliche Natur und der Ursprung dieser Götter? Waren sie ehemals Fürsten, Stifter bürgerlicher Gesellschaften, große Männer, welche Erfinder der Künste waren? War es eine sinnreiche Erkenntlichkeit, eine blinde Bewunderung, eine eigennützige Schmeichelei, welche diejenigen in den Himmel versetzte, die man, so lange sie lebten, Wohlthäter der Erde genannt hatte? Oder muß man in diesen Gottheiten so viele Theile der Körperwelt suchen, denen die Unwissenheit der ersten Menschen Leben und Denkkraft gegeben hatte? Diese Frage verdient unsre Aufmerksamkeit; sie ist werth untersucht zu werden, aber auch schwer zu beantworten.

LVI. Wir kennen das heidnische Religionssystem blos aus den Dichtern *) und Kirchenvätern; beide verfielen gar leicht auf Erdichtungen. **) Die Feinde einer Religion kennen

die-

---

*) Man muß indeß den Homer, Hesiod, Pindar, und die tragischen Dichter unterscheiden, während deren Lebzeit die Tradition noch unverfälschter war.

**) Ueber diesen Umstand lese man die freimüthige Untersuchung des Dr. Middleton, und die Ge-

schichte

dieselbe niemals, weil sie ihnen verhaßt ist; und sie hassen sie oft, weil sie sie nicht kennen. Begierig fassen sie die ärgsten Verleumdungen wider sie auf. Sie bürden ihren Gegnern Lehrsätze auf, die sie verabscheuen, und Folgerungen, an welche sie nie gedacht haben. Die Anhänger einer Religion hingegen sind voll des Glaubens, der jeden Zweifel für ein Verbrechen hält, und opfern nicht selten für ihre Vertheidigung ihre Vernunft, und selbst ihre Tugend auf. Weissagungen der Wunder erdichten, das bemänteln, was sich nicht vertheidigen läßt, das allegorisiren, was sich nicht bemänteln läßt, und wo auch kein Allegorisiren hilft, dreist weg leugnen, das sind Mittel deren ein Religionseiferer sich zu bedienen nie Bedenken trug. Man denke nur an die Christen und Juden. Man frage ihre Feinde über sie; so waren es Zaubrer und Götzendiener; *) sie, deren Gottesdienst so rein, deren sittliches Betragen so strenge war. Nie zweifelte ein Muselmann an der Ein-

schichte des Manichäismus vom Herrn von Beausobre, zwei schöne Denkmäler eines aufgeklärten Jahrhunderts.

*) Tacit. Hist. L. V. — Fleury, Hist. Eccles. T. I. p. 369, und T. II., p. 5; auch sehe man die daselbst angeführten Schutzschriften des Justinus Martyr und Tertullian.

Einheit Gottes. *) Und wie oft haben dennoch unsre guten Vorfahren ihnen Schuld gegeben, sie beteten die Gestirne an. **) Selbst in dem Schooße dieser Religionen haben sich hundert verschiedne Sekten erzeugt, deren eine der andern Schuld giebt, ihre gemeinschaftlichen Lehrsätze verfälscht zu haben, und die durch diese Anklage den Völkern Wuth, und den Weisen Mäßigung einflößen. Und doch waren diese Völker gesittet; und Bücher, die man für Eingebungen der Gottheit erkannte, bestimmten die Grundsätze ihres Glaubens. Wie kann man aber diese Grundsätze in einem verworrenen Gemische von Fabeln zu finden hoffen, welche eine in ihrer Art einzige, widersprechende, oft abgeänderte, Tradition einigen wilden Volksstämmen Griechenlandes überlieferte?

LVII. Vernunftschlüsse leisten uns hier schwache Hülfe. Es ist ungereimt, denen Tempel zu errichten, deren Gräber man vor Augen sieht. Aber was ist für die Menschen zu ungereimt? Kennt man nicht sehr aufgeklärte Völker, die sich auf das Zeugniß der Sinne berufen, um eine Religion zu beweisen, von der schon Eine Hauptlehre diesem Zeugnisse widerspricht?

---

*) s. *D'Herbelot*, Biblioth. Orient. art. *Allah*, p. 100; und Sale's Alcoran, Disc. Prem. p. 71.

**) *Reland*, de Rel. Mahomm. P. N., c, 6. 7.

spricht? Wenn indeß die Götter des Heidenthums Menschen gewesen wären, so würde der gegenseitige Dienst, *) welchen ihre Verehrer ihnen leisteten, nicht sehr vernünftig gewesen seyn; und eine nicht sehr vernünftige Toleranz ist nicht Irrthum des Volks.

LVIII. Krösus läßt das Orakel zu Delphi befragen. **) Alexander durchzieht die brennenden Sandwüsten Lybiens, um den Jupiter Ammon zu fragen, ob er sein Sohn sey. ***) Aber jener griechische Jupiter, jener König von Kreta, der ein Donnergott wurde, hätte der nicht mit seinem Blitze jenen Ammon, jenen Lybier, jenen neuen Salmoneus zerschmettert, der ihm denselben zu entreissen wagte? Zwei Nebenbuhler machten einander die Regierung der Welt streitig; kann man sie beide zugleich für Weltbeherrscher erkennen? Aber wenn beide nichts anders waren, als der Aether, der Himmel, die nämliche Gottheit; so wird der Grieche und der Afrikaner sie durch Symbole angedeutet haben, die sich zu ihren Sitten schickten, und durch Namen, die ihnen ihre Sprachen zur Andeutung ihrer Attribute darboten. Doch weg mit allen Vernunftschlüssen,

*) S. *Warburton's* Divine Legation, T. I. p. 270-276.
**) *Herodot.* L. I.
***) *Diodor. Sic.* L. XVII. — *Quint. Curt.* L. IV. c. 7. — *Arrian.* L. III.

fen, wo man sich bloß an Thatsachen halten muß. Wir wollen diese letztern hören.

LIX. Da sie selbst armselige Waldbewohner waren, so hatten diese stolzen Griechen alles von Ausländern. Die Phönizier unterrichteten sie in dem Gebrauche der Buchstaben; in den Künsten, in den Gesetzen, in allem, was den Menschen über die Thiere erhebt, belehrten sie die Aegypter. Diese letztern theilten ihnen ihre Religion mit; und die Griechen entrichteten durch die Annahme derselben den Zoll, welchen die Unwissenheit der Aufklärung schuldig ist. Das Vorurtheil sträubte sich bloß aus Wohlstand dawider, und ergab sich ohne Bedenken, nachdem man das dodonische Orakel vernommen hatte, welches sich für den neuen Götterdienst erklärte. *) Dies erzählt Herodot, der Griechenland und Aegypten kannte, und dessen Zeitalter zwischen die Zeiten der groben Unwissenheit und den Verfeinerungen der Philosophie in der Mitte war, wodurch sein Zeugnis entscheidend wird.

LX. Jetzt seh' ich schon einen großen Theil der griechischen Legenden verschwinden, wenn z. B. Apoll auf der Insel Delos geboren, Jupiter auf der Insel Kreta begraben ist. Haben diese Götter ehedem die Erde bewohnt, so war Aegypten, und nicht Griechenland, ihr

Vater-

*) Herodot. L. II.

Vaterland. Wenn aber die Priester zu Memphis sich eben so gut auf ihre Religionsgeschichte verstanden, als der Abt Banier, *) so hat Aegypten nie ihren Göttern ihre Entstehnng gegeben. Mitten durch ihre finstre Metaphysik strahlte die Vernunft helle genug hervor, um sie zu belehren, daß niemals ein Mensch ein Gott werden, noch jemals ein Gott sich in einen bloßen Menschen verwandeln könne. **) Geheimnißvoll in ihren Lehrsätzen und in ihrem Götterdienste, verhüllten diese Dolmetscher des Himmels und der Weisheit in eine prunkvolle Sprache die Wahrheiten der Natur, welche ein rohes Volk in ihrer majestätischen Einfachheit verschmäht haben würde. Die Griechen verkannten diese Religion in mehrerlei Rücksicht. Sie veränderten sie durch fremde Zusätze; aber die Grundlage blieb; und diese ägyptische Grundlage war folglich allegorisch. ***)

LXI. Die Verehrung der Heroen, welche von dem Dienste der Götter in den ersten Zeiten Griechenlandes so merklich verschieden war, ist uns ein Beweis, daß die Götter nicht Helden

---

*) In seiner Erläuterung der Fabellehre aus der Geschichte.

**) *Herodot.* L. II.

***) *Herodot.* L. II.

den waren. *) Die Alten glaubten, daß verdienstvolle Männer nach ihrem Tode zu den Festen der Götter mit zugelaſſen würden, und ihrer Seligkeit genöſſen, ohne an ihrer Macht Theil zu nehmen. Sie verſammelten ſich bei den Gräbern ihrer Wohlthäter; ihre Lobgesänge **) feierten ihr Gedächtniß, und erweckten eine heilsame Nacheiferung ihrer Verdienste.

*) Vieles in diesen Unterſuchungen verdanke ich dem gelehrten Freret, Mitgliede der Pariſer Akademie der ſchönen Wiſſenſchaften. Er hat manche Aufklärungen über Dinge gegeben, die man ſchon von allen Seiten beleuchtet und erörtert zu haben ſchien. Ich glaube indeß, daß ſeine Bemerkungen mehr Werth haben, wenn es auf Thatſachen, als wenn es auf Lehrmeinungen ankommt. Voll von vorgefaßter Achtung gegen dieſen Gelehrten verſchlang ich begierig ſeine Antwort auf die Newtoniſche Zeitrechnung; aber darf ich es ſagen? ſie entſprach meiner Erwartung nicht. Was bleibt ihm neues übrig, wenn man ihm die Grundſätze einer neuen Theologie und Chronologie wegnimmt, die wir ſchon beſaßen? mangelhafte und nicht ſehr bündige Genealogien, einige unbedeutende Nachforſchungen über die Zeitrechnung von Sparta, eine alte Aſtronomie, die ich nicht recht verſtehe, und die ſchöne Vorrede des Herrn von Bougainville, die ich immer mit neuem Vergnügen wiederleſe. — S. Mem. de l'Acad. des Belles Lettres, T. V., XVIII., XX, XXIII.

**) Hiſt. de l'Acad. des B. L. T. XVI., p. 28 ff.

Ihre aus der Unterwelt hervorgerufenen Schatten genossen mit Vergnügen die Opfer der Andacht. *) Freilich wurde diese Andacht unvermerkt ein Götterdienst; aber dies geschah erst sehr spät, als man diese Helden mit den ältern Gottheiten, deren Namen sie führten, oder an deren Charakter sie zurückerinnerten, für einerlei nahm. Zur Zeit Homer's unterschied man sie noch. Herkules kommt nicht mit unter seinen Göttern vor. Er erkennt den Aesculap bloß für einen sehr geschickten Arzt; **) und Kastor und Pollux sind ihm bloß verstorbene, zu Sparta begrabene Kriegshelden.

LXII. Der Aberglaube hatte indeß diese Gränzen überschritten; die Heroen waren Götter geworden, und der Dienst, den man den Göttern erwies, hatte sie über den Rang der Menschen erhoben; als ein kühner Philosoph es zu beweisen wagte, daß sie Menschen gewesen wären. Ephemerus, der Messenier, behauptete diese paradoxe Meinung. ***) Aber

weit

---

*) *Homer.* Iliad. L. IV. v. 193.

**) *Jd.* L. V., v. 241.

***) *Lactant.* Instit. L. I. c. XI., p. 62: Antiquus auctor Ephemerus, qui fuit e civitate Messena, res gestas Jovis & ceterorum, qui Dii putantur, collegit, historiamque contexit ex titulis et inscriptionibus sacris, quæ in antiquissimis templis habebantur, maximeque in fano Jovis Triphyllii, ubi aurea columna

weit entfernt, sich auf die authentischen Denkmäler Griechenlandes und Aegyptens zu berufen, welche das Andenken berühmter Männer hätten erhalten müssen, verliert er sich in den weiten Ocean. Ein von allen Alten verworfnes Utopien, eine Insel Panchaja, die reich, fruchtbar, abergläubisch, und ihm allein bekannt war, zeigte ihm in einem prächtigen Tempel Jupiter's eine goldne Säule, in welche Merkur die Thaten und die Vergötterung der Helden seines Geschlechts eingegraben hatte. *)

columnam positam esse ab ipso Jove, titulus indicabat, in qua columna gesta sua perscripsit, ut monimentum esset posteris rerum suarum. — Diese Erzählung des Laktantius ist etwas verschieden von der beim Diodor.

*) Diodor von Sicilien, B. V. K. 29., 30; u. B. VI. — Man hat über den Ephemerus eine Abhandlung des ältern Fourmont, welche sehr gewagte Muthmaßungen, und sehr seltsame Aufwallungen des Unwillens enthält. S. Mem. de l'Acad. des Inscr. T. XV., p. 265 ff. — Es ziemt sich nicht für einen angehenden Schriftsteller, irgend Jemand zu verachten; aber ich wüßte doch diese Abhandlung nicht ernsthaft zu widerlegen. Wer nicht sieht, daß das vom Diodor beschriebene Panachaja nach Süden von Gedrosien aus, und nach Westen zu unweit der Halbinsel von Indien belegen gewesen sey, der kann mit Herrn Fourmont glauben, daß der arabische Meerbusen südwärts von dem glücklichen Arabien befindlich, daß die

Gegend

Diese Fabeln waren für die Griechen selbst zu unwahrscheinlich. Sie zogen ihrem Verfasser allgemeine Verachtung zu, und den Namen eines Gottesleugners. *)

LXIII. Vielleicht durch sein Beyspiel kühn gemacht, rühmten sich die Kretenser, das Grab Jupiter's zu besitzen, der auf ihrer Insel gestorben sey, nachdem er daselbst lange regiert habe. **) Kallimachus gedenkt dieser Erdichtung mit Unwillen; und sein Scholiast enthüllt uns ihren Ursprung. ***) Man hatte auf ein Grabmal geschrieben: Grab des Minos, des Sohns Jupiter's. Durch Zeit oder Vorsatz waren die Wörter des Sohns und des Minos verschwunden; man las: Grab

Gegend von Phank auf dem festen Lande die Insel Panachaja, daß die Wüste von Pharan die schönste Gegend von der Welt, und daß die Stadt Pieria in Syrien die Hauptstadt einer kleinen Provinz um die Gegend von Medina sey.

*) *Callimach.* ap. *Plut.* T. II., p. 880. *Eratosth.* & *Polyb.* ap. *Strab.* Geogr. L. II., p. 192., f. u. L. VII., p. 299., edit. *Casaub.*

**) *Lactant.* Instit. L. I., c. XI, p. 65. —— *Lucian.* Timon, p. 34; & Jupit. Fragm. p. 701. —— *Cic.* de N. D. L. III., c. 21.

***) *Callimach.* hymn. in Jovem, v. 8; & Scholiast. Vet. in h. l.

Grab Jupiter's. *) Indeß fand das Sy,stem des Ephemerus, seiner Beweise ungeachtet, langsam Glauben und Bestätigung. Diodor von Sicilien durchzog die Erde, um in den Ueberlieferungen der verschiednen Völker eine Bestätigung desselben zu suchen. **) Aber die Stoiker führten, in ihrem seltsamen Gemische des reinsten Deismus, des Spinozismus und der gemeinen Abgötterei, diese heidnische Religion, wozu sie sich eifrig bekannten, auf die Anbetung der Natur zurück, die man in so viele Götter zertheilt habe, als sie verschiedne Gestalten hat. Cicero, dieser Akademiker, für den alles Einwurf, und nichts Beweis war, wagt es kaum, ihnen das System des Ephemerus entgegen zu setzen. ***)

XLIV.

*) So lautet die Erzählung des Scholiasten, wie sie der Ritter Newton annimmt. Beim Laktantius aber heißt die Inschrift: ZAN XPONOY, welches ein weit älteres Ansehen hat. Lucian — denn die Fabeln vergrößern sich immer — sagt uns, die Inschrift melde, daß Jupiter nicht mehr donnere, daß ihn das Loos der Sterblichen getroffen habe: δηλωσαν ὡς ἐκετι βροντησειεν ἀν ὁ Ζευς, τεθνεως παλαι.

**) Diodor von Sicilien, in mehrern Stellen der fünf ersten Bücher.

***) Cic. de Nat. Deor. L. III., c. 21.

LXIV. Erst unter den römischen Kaisern fiengen die Ideen dieses Messeniers an, herrschend zu werden. Zu einer Zeit, wo eine ganze Welt von Sklaven solchen Ungeheuern, die nicht Menschen zu heissen verdienten, Götter nannten, machte man sich dadurch beliebt, wenn man den Jupiter und Domitian für einerlei erklärte. Als Wohlthäter der Erde — denn so nannte sie die Schmeichelei — hatten beide gleich viel Anspruch auf die Gottheit; sie waren von gleicher Natur, von gleicher Gewalt. Aus Politik oder aus Mißverstand war selbst Plinius von diesem Irrthume nicht frei. *) Umsonst versuchte Plutarch, den Glauben seiner Vorfahren zu retten. **) Ephemerus herrschte überall; und die Kirchenväter, die sich hier ihrer Vortheile bedienten, griffen das Heidenthum von der schwächsten Seite an. Kann man ihnen darüber einen Vorwurf machen? Wenn die vorgeblichen Götter wirklich keine vergötterte Menschen waren, so waren sie es doch geworden, wenigstens nach der Meinung ihrer Anbeter; und die Kirchenväter bestritten bloß ihre Meinungen.

LXV. Wir wollen noch weiter gehen; wir wollen nicht bloß die Kettenfolge der Thatsachen, sondern auch der Ideen aufsuchen, das

mensch-

---

*) *Plin.* Hist. Nat. L. VII., c. 51.
**) *Plutarch.* de Placit. Philosophor. — de Iside & Osiride.

menschliche Herz durchforschen, und jenem Faden von Irrthümern nachgehen, der von dem wahren, einfachen und allgemeinen Gefühle, daß es nur Eine höhere Macht über den Menschen giebt, ihn allmählig dahin verleitete, Götter zu schaffen, denen er gleich zu seyn sich würde geschämt haben.

Das Gefühl ist nichts anders, als eine Rückkehr zu uns selbst. Die Ideen beziehen sich auf die Gegenstände ausser uns. Ihre Anzahl häuft sich im Verstande, und schwächt dadurch das Gefühl. Bei den Wilden also, deren Begriffe sich bloß auf die Bedürfnisse einschränken, und bei denen diese bloß Naturbedürfnisse sind, muß das Gefühl am lebhaftesten, obgleich auch am verworrensten, seyn. Der Wilde fühlt jeden Augenblick innre Bewegungen, die er weder zu erklären, noch zu unterdrücken vermag. Unwissend und schwach, fürchtet er alles, weil er sich gegen nichts zu vertheidigen weiß. Er bewundert alles, weil er nichts kennt. Seine wohl gegründete Selbstverachtung — denn die Eitelkeit ist ein Werk der bürgerlichen Gesellschaft — lehrt ihn das Gefühl einer höhern Macht. Diese Macht ist es, deren Eigenschaften er nicht kennt, die er anruft, die er um Gnade bittet, ohne zu wissen, mit welchem Recht er dieselbe hoffen darf. Dies dunkle Gefühl brachte die guten Götter der ersten

sten Griechen, und die Gottheiten der meisten Wilden hervor; und beide wußten weder ihre Anzahl, noch ihren Charakter, noch ihren Dienst, festzusetzen.

LXVI Gar bald ward das Gefühl zur Idee. Der Wilde verehrte alles, was ihn umgab. Alles mußte ihn besser, als er selbst, vorkommen. Jene majestätische Eiche, die ihn mit ihrem dichten Laube deckte, hatte schon seine Voreltern beschattet, seit dem ersten Ursprunge seines Geschlechts. Warum? Sie hob sein Haupt zu den Wolken empor; der wilde Nord verlor sich unter ihren Zweigen. Was war gegen diesen stolzen Baum gerechnet, seine Lebensdauer? sein Wuchs? seine Stärke? Die Dankbarkeit vereinte sich mit der Bewunderung. Dieser Baum, der ihm seine Eicheln verschwendete, dies klare Wasser, welches seinen Durst stillte, waren Wohlthäter, die sein Leben glücklich machten; ohne sie konnte er nicht bestehen; aber was bedurften sie sein? In der That, ohne jene Einsichten, die uns belehren, wie sehr die Vernunft allein allen jenen nothwendigen Theilen eines verständigen Systems überlegen ist, muß schon jeder dieser Theile über den Menschen erhaben zu seyn scheinen. Aber in Ermangelung dieser Einsichten, legte der Wilde jedem derselben Leben und Wirkungskraft bei. Er warf sich zur Erde, um sein eignes Werk anzubeten.

LXVII.

LXVII. Die Ideen des Wilden sind einzig, weil sie einfach sind. Die verschiedenen Eigenschaften der Gegenstände bemerken, diejenigen wahrzunehmen, welche sie mit einander gemein haben, und aus dieser Gleichheit einen abgezogenen Begrif zu bilden, welcher die ganze Gattung darstellt, ohne das Bild irgend eines besondern einzelnen Gegenstandes zu seyn; dies ist eine Arbeit des thätigen Verstandes, der in sich selbst zurückgeht, und, schon mit Begriffen überladen, sich durch die Methode Erleichterung zu verschaffen sucht. In dem ursprünglichen Zustand weiß die Seele, welche sich noch bloß leidend verhält, und ihre Kräfte noch nicht kennt, nur fremde Eindrücke aufzunehmen. Diese Eindrücke stellen ihr die Gegenstände nur für sich dar, und wie sie an sich selbst beschaffen sind. Der Wilde fand seine Götter überall wieder; jeder Wald, jede Wiese wimmelte davon.

LXVIII. Die Erfahrung entwickelte seine Begriffe; denn die Nationen haben eben so, wie einzelne Menschen, alles der Erfahrung zu danken. Sein Verstand wurde nun mit einer großen Menge fremder Gegenstände bekannt, bemerkte ihre gemeinschaftliche Natur; und diese Natur wurde für ihn eine über alle seine besondern Götter erhabene Gottheit. Aber alles, was da ist, hat sein bestimmtes Daseyn

in

in Hinsicht auf Ort und Zeit; und dadurch ist es von jedem andern Dinge verschieden. Der Mensch mußte sich in Ansehung dieser beiden Arten des Daseyns verschieden verhalten, wovon die eine sinnlich und sichtbar, die andre vorübergehend, metaphysisch, und vielleicht bloß in der Folge von Begriffen gegründet ist. Die gemeinschaftliche Natur, welche bloß durch Zeit verschieden war, mußte die besondern Naturen seiner Aufmerksamkeit entziehen; da hingegen diejenigen, welche dem Orte nach verschieden sind, als Theile der gemeinschaftlichen Natur bleiben konnten. Der Gott der Gewässer machte den Göttern der Tiber oder des Klitumnus *) seine Rechte nicht streitig; aber der Südwind, der gestern wehte, und der, den wir heute fühlen, sind beide der nämliche wütende Tyrann, der die Wogen des adriatischen Meers empört. **)

LXIX. Je geübter man im Denken wird, desto mehr geräth man auf Verknüpfungen der Begriffe. Zwei Gattungen sind in mancher Rücksicht verschieden, in andrer sind sie gleich; sie sind zu einerlei Absicht bestimmt, sie gehören als Theile zu Einem Element. Die Quelle wird

---

*) Hist. de l'Acad. des B. L. T. XII., p. 36. — *Plin.* Epp. L. VIII., Epist. 8.

**) *Horat.* Carm. I., III., Od. 3:

——————————— Neque Auster
Dux inquieti turbidus Adriæ.

wird ein Fluß; der Fluß verliert sich ins Meer. Dieses Meer ist ein Theil des weiten Oceans, der den ganzen Bezirk der Erde umfaßt; und die Erde selbst schließt in ihrem Schooß alles ein, was lebt und webt. In eben dem Maße, wie die Nationen aufgeklärter wurden, mußte sich ihr Götzendienst verfeinern. Sie sahen es nun besser ein, wie sehr die Welt nach allgemeinen Gesetzen regiert wird; sie verfielen nun mehr auf die Einheit einer wirkenden Ursache. Niemals haben die Griechen ihre Begriffe weiter zu vereinfachen gewußt, als bis auf das Wasser, die Erde und den Himmel, die, unter den Namen Jupiter, Neptun und Pluto, alles erhielten und regierten. Aber die Aegypter, deren Genie mehr zu abstrackten Forschungen aufgelegt war, bildeten endlich ihren Osiris, *) als den ersten ihrer Götter, als das erste verständige Grundwesen, welches unaufhörlich auf das materielle Grundwesen wirkte, und welches unter dem Namen der Isis, seiner Gattin und Schwester, bekannt war. Eine Nation, welche die Ewigkeit der Materie glaubte, konnte nicht weiter gehen. **)

LXX.

---

*) Man bemerke, daß dieser Osiris und seine Schwester die jüngsten Gottheiten waren. Die Aegypter brauchten eine große Menge von Jahrhunderten, um zu dieser einfachen Vorstellungsart zu gelangen. S. *Diod. Sic.* L. I., c. 8.

**) Der Sonnendienst war allen Völkern bekannt. Ich will sagen, was mir davon die Ursache zu seyn scheint.

LXX. Jupiter, der Gott des Meers, und der schwarze Pluto, waren Brüder. Alle Zweige ihrer Nachkommenschaft verbreiteten sich ins Unendliche, und umfaßten die ganze Natur. So war die Fabellehre der Alten beschaffen. Für wenig gebildete Menschen war der Begrif der Zeugung natürlicher, als die Idee von einer Schöpfung. Sie war faßlicher; sie setzte weniger Kraft voraus; man wurde durch sinnliche Verknüpfungen darauf geleitet. Aber diese Zeugung führte sie auch auf die Festsetzung einer Hierarchie, ohne welche jene freie, aber eingeschränkte Wesen nicht seyn konnten. Die drei großen Götter übten eine väterliche Gewalt über Kinder aus, welche die Erde, die Lüfte, die Meere, bewohnten; und die Erstgeburt Jupiter's verschaffte ihm einen Vorzug vor seinen Brüdern, wodurch er sich den Titel des Königs der Götter und des Vaters der Menschen erwarb. Aber dieser König, dieser höchste Vater, war in aller Absicht zu eingeschränkt, als daß wir deswegen den Grie-

scheint. Vielleicht ist die Sonne der einzige Gegenstand auf der Welt, der zugleich sinnlich und einzig in seiner Art ist. Da er allen Völkern, auf die glänzendste und wohlthätigste Weise in die Sinne fiel, so veranlaßte er sie zur Anbetung. Als einzig und untheilbar, fanden denkende Köpfe, die nicht allzuschwierig waren, in ihr alle die großen Züge einer Gottheit.

Griechen die Ehre erweisen könnten, anzunehmen, daß sie ein höchstes Wesen geglaubt hätten.

LXXI. So übel zusammenhängend nun dieses System auch war, so ließen sich doch alle Wirkungen der Natur daraus erklären. Aber die moralische Welt, der Mensch, sein Schicksal und seine Handlungen, hatten noch keine Gottheiten. Der Aether oder die Erde wären dazu nicht recht passend gewesen. Aus dem Bedürfnisse neuer Götter entstand eine neue Kette von Irrthümern, welche sich an jene erste knüpfte, und mit derselben einerlei theologischen Roman ausmachte. Ich vermuthe, daß dieß System erst später entstand. Der Mensch denkt nicht eher daran, auf sich selbst zurückzugehen, als wenn er schon die fremden Gegenstände erschöpft hat.

LXXII. Von jeher gab es zwei Hypothesen; und sie werden immer fortdauern. Nach der ersten, hat der Mensch von dem Schöpfer nichts weiter erhalten, als die Vernunft und den Willen. Ihm ist es überlassen, was er davon für Gebrauch machen, und wie er seine Handlungen einrichten will. Nach der andern, kann er nicht anders handeln, als nach den vorherbestimmten Gesetzen der Gottheit, deren bloßes Werkzeug er ist. Das Gefühl führt ihn irre; und wenn er seinem eignen Willen zu folgen

gen glaubt, so folgt er im Grunde bloß dem Willen seines Beherrschers. Diese letztern Begriffe konnten in dem Verstande eines kaum aus seiner Kindheit getretenen Volks entstehen. Wenig aufgelegt, die verborgnen Triebfedern der Maschine ausfündig zu machen, schienen ihm die großen Tugenden, die schweren Verbrechen, die nützlichen Erfindungen jener wenigen sonderbaren Köpfe, die ihrem Zeitalter nichts zu danken haben, die menschlichen Kräfte zu übersteigen. Ueberall sah er thätige Götter, welche Laster oder Tugend den schwachen Sterblichen einflößten, die unfähig waren, sich ihrem Willen zu entziehen. *) Es ist nicht die Klugheit, die dem Pandarus den Entschluß eingiebt, den Waffenstillstand zu brechen, und einen Pfeil ins Herz des Menelaus abzudrücken. Es ist Minerva, die ihn zu diesem Frevel antreibt. **) Die unglückliche Phädra ist nicht strafbar. Venus, über die Verachtung Hyppolyt's entrüstet, entzündet in dem Herzen dieser Königin eine unerlaubte Gluth, die sie ins Verbrechen und ins Grab stürzt. *) Ein Gott verhängte jeden Vorfall des Lebens;

jede

*) Ich bin mit dieser Stelle nicht recht zufrieden. Ich führe die beste Ursache an, die ich aufzufinden vermag; aber es scheint mir, daß man in jenen erstern Zeiten sich durchs Gefühl habe leiten lassen müssen; und das Gefühl ist ganz auf der Seite der Freiheit.

**) *Homer.* Iliad. L. IV. v. 93. ff.

*) Ἀλλ' ἔτι ταυτη τον δ'ἐρωτα χρη πεσειν.
Δειξω δε θησει πραγμα, κακφανεσεται.
Καὶ τον μεν ἡμιν πολεμιον πεφυκοτα
Κτενει πατηρ ἁραισι

Ἡ

jede Leidenschaft der Seele, und jede Anordnung der bürgerlichen Gesellschaft.

LXXIII. Aber diese Götter des Menschen, diese Leidenschaften und Fähigkeiten, welche solchergestalt allgemein gemacht und in Personen verwandelt wurden, hatten bloß ein metaphysisches und für die Menschen zu wenig sinnliches Daseyn. Man mußte sie mit den Göttern der Natur verschmelzen; und hier erdachte die Allegorie tausenderlei eingebildete Beziehungen; denn der Verstand verlangt zum wenigsten einen Schein von Wahrheit. Es war natürlich, daß der Gott des Meers auch Gott der Seefahrer war. Der figürliche Ausdruck von jenem Auge, welches alles sieht, von jenen Strahlen, welche die Luft durchdringen, konnte leicht aus der Sonne einen geschickten Wahrsager und einen geübten Bogenschützen machen. Aber warum ist der Planet Venus Göttin der Liebe? warum erhebt sie sich aus dem Schaume des Meers? Diese Räthsel mögen Wahrsager auflösen. Sobald die angewiesenen Geschäfte der Götter der menschlichen Natur festgesetzt waren, mußten sie alle göttliche Verehrung der Menschen aufheben. Sie redeten zum Herzen und zu den Leidenschaften, anstatt daß die physischen Götter, die keine moralische Attribute erhalten hatten, unvermerkt in Verachtung und in Vergessenheit geriethen. Auch

'Η δυσκλεης μεν, αλλ' ὁμως απολυται Φαιδρα. — — —

Euripid. Hippol. A 1., v. 40.

sehe ich bloß in dem entferntesten Alterthume dem Saturn Altäre rauchen. *)

LXXIV. Die Götter nehmen also an menschlichen Handlungen Antheil. Es geschieht nichts, wovon sie nicht Urheber sind. Aber sind sie auch Urheber des Verbrechens? Diese Folgerung erschreckt uns; ein Heide trug kein Bedenken, sie zuzugeben, und konnte auch in der That kein Bedenken darüber tragen. Die Götter gaben oft lasterhafte Anschläge ein. Um sie einzugeben, mußten sie sie wollen, und sogar lieben. Sie hatten nicht den Ausweg, daß sie ein kleineres Uebel in der besten aller möglichen Welten zuließen. **) Dieß Uebel war nicht bloß zugelassen; es war von ihnen autorisirt; und ausserdem waren die verschiednen, auf ihre Bestimmung eingeschränkten, Gottheiten sehr gleichgültig gegen das allgemeine Wohl, welches sie gar nicht kannten. Eine jede Gottheit handelte ihrem Charakter gemäß, und flößte bloß diejenigen Leidenschaften ein, welche sie selbst fühlte. Der Gott des Krieges war wild, trotzig, und blutdürstig; die Göttin der Klugheit weise, zurückhaltend, nicht sehr aufrichtig; die Mutter der Liebe war liebenswürdig, wollüstig, in ihrem Eigensinn aufgebracht; List und Verschlagenheit ziemten dem Gotte der Kaufleute; und das Geschrei der Unglücklichen schmeichelte dem Ohre des argwöhnischen Tyrannen der Verstorbenen, des schwarzen Monarchen der Unterwelt.

LXXV.

*) Ich meine bei den Griechen; in Italien erhielt sich sein Dienst lange.

**) *Fontenelle*, Eloge de Mr. Leibnitz.

LXXV. Ein Gott, welcher Vater der Menschen ist, ist es von allen auf gleiche Art. Er kennt weder Haß noch Gunst. Aber die partheiischen Gottheiten müssen ihre Günstlinge haben. Werden sie nicht diejenigen vorzüglich lieben, deren Geschmack dem ihrigen ähnlich ist? Mars muß nur die Thrazier lieben, deren einziges Geschäfte der Krieg ist; *) und jene Scythen, deren köstlichstes Getränk das Blut ihrer Feinde war. **) Die Sitten eines Einwohners von Cypern oder Korinth, Oerter, wo alles Weichlichkeit und Wollust athmete, mußten der Göttin der Liebe gefallen. Die Dankbarkeit vereinte sich mit dem Geschmack. Vorzügliche Gunst war man denen Völkern schuldig, deren Sitten nichts anders waren, als ein von ihren Schutzgottheiten abgeleiteter Götterdienst. Die Verehrung selbst, welche man ihnen leistete, bezog sich allemal auf ihren Charakter. Jene Menschenopfer, welche auf dem Altar des Mars geschlachtet wurden, †) jene tausend Buhlerinnen, welche man im Tempel der Venus weihte, ††) alle die vornehmen Babylonierinnen, welche ihr ihre Sittsamkeit zum Opfer brachten, †††) mußten nothwendig diesen verschiednen Völkern die ausgezeichneteste

Gunst

---

*) *Herodot.* L. V., c. 4. 5. — *Meziriac*, Comment. sur les Epitres d'*Ovide*, T. I. p. 162.

**) *Herodot.* L. IV., c. 64. 65.

†) *Herodot.* L. V., c. 4. 5. — *Minuc. Fel.* Octav. c. 25., p. 258. — *Lucan.* Pharsal. L. I. — *Lactant.* L. I., c. 25.

††) *Strabo*, Geogr. L. VIII., p. 378.

†††) *Herodot.* L. I. c. 199. — Sie waren gehalten, sich dem Ersten dem Besten in dem Temel der Venus

Gunst ihrer Beschützer erwerben. Da aber das Interesse der Nationen eben so sehr von einander abweicht, als ihre Sitten, so mußten die Götter sich auch in die Streitigkeiten ihrer Anbeter einlassen. „Wie? sollte ich es gelassen ansehen, daß die Stadt, welche mir hundert Tempel errichtet, dem Schwerte eines Eroberers unterliegen soll? Ach? eher ― ― ―" So wurde bei den Griechen durch einen Krieg unter den Menschen ein Zwist der Götter angefacht. Troja brachte den Himmel in Aufruhr. Der Skamander sah die Aegide der Minerva glänzen; er war Zeuge von der Wirkung der Pfeile aus dem Köcher Apoll'o; er fühlte den furchtbaren Dreizack Neptun'o, der die Erde in ihren Grundfesten erschütterte. Zuweilen stellten die unvermeidlichen Schlüsse des Schicksals den Frieden wieder her. *) Aber gewöhnlich

Venus Preis zu geben. Voltäre, der ihnen die Verbindlichkeit alle Jahr einmal auflegt, hält es für eine unvernünftige Fabel. Aber Herodot hatte diese Länder bereiset; und Voltäre hatte die Geschichte zu gut studirt, als daß er nicht hätte wissen sollen, wie viel ähnliche Triumphe der Aberglaube über die Menschlichkeit und Tugend davon trug. Was mochte ihm von einem Auto da Fe dünken? ― Uebrigens wüßte ich nicht, daß Babylon die gesittetste Stadt von der Welt gewesen sey. Curtius (B. V. Kap. 1.) schildert sie als höchst ausschweifend; und Berosus der Babylonier beklagt sich selbst, daß seine Landesleute alle Schranken des Wohlstandes überschritten, und viehisch lebten; und der Scholiast über den Juvenal giebt uns zu verstehen, daß sie noch zu seiner Zeit nicht besser geworden waren.

*) Mythol. de *Banier*, T. II., p. 487. ― *Ovid.* Metam. L, XV.

lich wurden die verschiednen Götter unter einander einig, sich gegenseitig ihre Feinde zu überlassen; *) Denn im Olymp, wie auf der Erde, war von jeher der Haß stärker, als die Freundschaft.

LXXVI. Ein gereinigter Dienst hätte sich nicht wohl für solche Gottheiten geschickt. Ein Volk verlangt allemal sinnliche Gegenstände; ein Bild, welches ihre Tempel schmückt, und ihre Vorstellungen auf sich zieht. Aber was ist dieß für ein Bild? Man frage die Menschen; es ist ohne Zweifel kein andres, als das ihrige. Vielleicht würde ein Stier etwas anders antworten. **) Die Bildhauerei gelangt zur Vollkommenheit, um der frommen Andacht zu dienen, und die Tempel werden voll von Bildsäulen von Greisen, Jünglingen, Weibern und Kindern, nach den verschiednen Attributen jedes Gottes.

LXXVII. Die Schönheit gründet sich vielleicht bloß auf Brauch und Sitte. Die menschliche Bildung ist nur darum schön, weil sie sich so wohl zu den Gebräuchen schickt, wozu sie bestimmt ist. Die göttliche Bildung ist die nämliche; ihre Gebräuche, und selbst ihre Fehler, müssen es auch seyn. Daher jenes rohe Geschlecht von Göttern, die, gleich den Menschen, nicht mehr als Eine Familie ausmachen, daher ihre Gastmale von Nektar und Ambrosia, und die Nahrung, welche ihnen in den Opfern dargereicht

---

*) *Euripid.* Hippolyt. A&. V. v. 1327. — Ovid. Metam. an mehrern Orten.

**) *Cic.* de Nat. Deor. L I. c. 27., 28.

gereicht wird. *) Daher auch ihr Schlaf, **) und ihr Schmerz. ***) Götter, die nun sehr mächtige Menschen geworden waren, mußten oft die Erde besuchen, in den Tempeln wohnen, an den Ergötzungen des Menschen ihr Wohlgefallen haben, an Jagd und Tanz Theil nehmen, auch zuweilen gegen die Reize einer Sterblichen empfindlich werden, und ein Heldengeschlecht erzeugen.

LXXVIII. Bei jenen großen Ereignissen, wo aus der Mitwirkung einer zahlreichen Menge von handelnden Personen, deren Absichten, Lage und Charakter verschieden sind, Einheit der Handlung, oder vielmehr der Wirkung, entsteht, muß man vielleicht bloß aus allgemeinen Ursachen ihre eigne Veranlassung herleiten.

LXXIX. Bei besondern und einzelnen Vorfällen ist das Verfahren der Natur gar sehr von dem Verfahren der Philosophen verschieden. In der Natur giebt es wenig Wirkungen, die einfach genug wären, um nur einer einzigen Ursache ihren Ursprung zu verdanken; da sich hingegen unsre Weisen gewöhnlich nur an eine einzige und allgemeine Ursache zu halten pflegen. Diese Klippe wollen wir also zu vermeiden suchen, und, so bald irgend eine Handlung nur im geringsten verwickelt zu seyn scheint, die allgemeinen Ursachen davon anerkennen, ohne

Ab-

---

*) S. Les Césars de Julien, par M. Spanheim, p. 257. s. Rem. 876. Vergl. die Vögel des Aristophanes, und Lucian, in mehrern Stellen.

**) Homer. Iliad. L. I. v. 609.

***) Id. Iliad. L. V. v. 335.

Absicht und Zufall auszuschließen. Sylla begiebt sich der unbeschränkten Gewalt. Cäsar verliert sie mit seinem Leben. Indeß giengen ihre Eroberungen vor ihrer Gelangung zu jener Gewalt vorher; ehe sie die mächtigsten Römer wurden, waren sie die glorreichsten. August folgte unmittelbar auf den Cäsar. Er war ein blutdürstiger Tyrann, *) im Verdachte der Feigheit, des größten Fehlers bei dem Haupte einer Parthei, **) und doch gelangt er zum Thron, und bringt es den Bürgern eines freien Staats ganz aus den Gedanken, daß sie jemals frei gewesen sind. Die Denkungsart dieser sonst freien Bürger macht, daß mir dieß nicht sehr Wunder nimmt. Gleich unfähig der Freiheit unter dem Sylla, wie unterm August, wußten sie unter jenem erstern nichts von dieser Wahrheit: bürgerliche Kriege und zwei Achtserklärungen, grausamer als Krieg, hatten sie zur Zeit dieses letztern belehrt, daß der Staat, erdrückt von der Last seiner Größe und seines Verderbnisses, nicht ohne Herrscher bestehen konnte. Ausserdem focht Sylla, als Haupt des Adels, an der Spitze jener stolzen Patrizier, die ihn gern mit dem Schwerte des Despotismus bewaffneten, um sie an ihren und seinen Feinden zu rächen, die aber nicht gern die Gewalt in seinen Händen lassen wollten, sie selbst zu Grunde zu richten. Sie hatten nicht für ihn, sondern mit ihm gesiegt. Aus der

G 5 Rede

*) Nach der Einnahme von Perusium opferte er dreihundert der vornehmsten Bürger auf einem der Gottheit seines Vaters errichteten Altar. Sueton. in Aug. c. 15.

**) Sueton. in Aug. c. 16.

Rede des Lepidus *) und aus dem Betragen des Pompejus, **) sieht man zur Gnüge, daß Sylla lieber vom Thron steigen als fallen wollte. August hingegen bediente sich, nach Cäsar's Beispiel, ***) jener kühnen Abentheurer, des Agrippa, Mecänas und Pollio, deren mit dem seinigen verwebtes Glück sich in eine Aristokratie des Adels verlor, welcher durch Zwiste getheilt, aber dazu vereint war, jeden Glücklichen von geringer Abkunft zu stürzen.

LXXX. Glückliche Umstände, die Ausschweifungen des Antonius, die Schwäche des Lepidus, die Leichtgläubigkeit des Cicero, wirkten zu seinem Vortheile zugleich mit dieser herrschenden Denkungsart. Man muß aber auch gestehen, daß er diese Umstände, wenn er gleich nicht ihr Urheber war, doch mit grosser Staatsklugheit zu brauchen wußte Schade, daß die Mannichfaltigkeit meiner Materie mir nicht erlaubt, jene sehr verfeinerte Regierungsart näher zu schildern, jene Fesseln, die man trug, ohne sie zu fühlen, jenen Kaiser, den man mit seinen Unterthanen vermengte, jenen von seinem Beherrscher verehrten Senat. †) Nur Einen Zug davon wollen wir ausheben.

[Aus

---

*) *Sallust.* Fragm. p. 404., ed *Thys.*

**) *Freinshem.* Supplem. L. XXXIX., c. 26-30.

***) *Tacit.* Annal. L. IV., p. 109. *Sueton.* Aug. c. 101.

†) Ich erwarte mit Ungeduld die Folge von Abhandlungen über diesen Gegenstand, welche Herr de la Bletterie uns versprochen hat. Das so oft verkannte

August, der nun Herr über die Einkünfte des Reichs, und über die Schätze der Welt geworden war, unterschied immer sein eignes väterliches Erbtheil von dem öffentlichen Schatze. Auf diese Art konnte er mit leichter Mühe seine Mäßigung beweisen, indem er seinen Erben ein Vermögen nachließ, daß weit geringer war, als das Vermögen vieler seiner Unterthanen *) und seine Vaterlandsliebe, die dem Dienste des Staats zwei ganze väterliche Erbtheile, und eine unermeßliche Summe hinterließ, die aus den Vermächtnissen seiner verstorbenen Freunde erwachsen war. **)

LXXXI.

kannte System August's wird darin bis auf seine kleinsten Züge geschildert werden. Dieser Schriftsteller denkt sehr fein und mit liebenswürdiger Freimüthigkeit. Er erörtert die Materien ohne Trockenheit, und weiß sich mit aller Anmuth einer lichtvollen und schönen Schreibart auszudrücken. Vielleicht daß er, ein historischer Dekartes, ein wenig zu sehr *a priori* schließt, und seine Folgerungen nicht so wohl auf besondre Zeugnisse als auf allgemeine Beweise gründet; aber das ist der Fehler eines Mannes von großem Verstande.

*) Wenn man alle seine Vermächtnisse an das Volk und die Soldaten abrechnet, so hinterließ August dem Tiberius und der Livia nicht mehr als *millies quingenties*, dreißig Millionen Livres. Der Augur Lentulus, welcher unter seiner Regierung starb, besaß *quater millies*, achtzig Millionen. S. *Sueton* in Aug. c. 101. *Seneca* de Benefic. L. II.

**) S. *Montesquieu*, Consid. sur la grandeur des Romains. — Ich unterscheide die Größe des römischen Reichs von der Größe der Republik; jene bestand in der Menge von Provinzen, diese in der Menge der Bürger.

LXXXI. Es gehört nur gemeiner Scharfsinn dazu, um einzusehen, daß eine Handlung oft zugleich Ursache und Wirkung ist. In der moralischen Welt giebt es viele Handlungen dieser Art, oder es giebt ihrer vielmehr sehr wenige, die nicht mehr oder weniger in beiderlei Lichte betrachtet werden könnten.

Das Verderbniß aller Stände der Römer entstand aus dem großen Umfange ihres Reichs, und brachte die Größe der Republik hervor.

Aber es gehört eine mehr als gemeine Urtheilskraft dazu, wenn zwei Dinge immer beisammen da sind, und innigst mit einander verknüpft scheinen, einzusehen, daß nicht eine der andern ihre Entstehung zu danken habe.

LXXXII. Die Wissenschaften, sagt man, entstehen aus dem Luxus; ein aufgeklärtes Volk wird allemal auch lasterhaft seyn. Die Wissenschaften sind nicht Töchter des Luxus, sondern beide werden von der Betriebsamkeit erzeugt. Die ersten Grundzüge der Künste sind für die ersten Bedürfnisse der Menschen hinreichend. Bei größerer Vollkommenheit erfinden sich deren mehrere, von dem Schilde der Minerva des Vitellius *) bis zu den philosophischen Unterhaltungen des Cicero. In eben dem Maße aber, wie der Luxus die Sitten verderbt, werden sie durch die Wissenschaften gemildert; gleich

den

---

*) Vitellius schickte seine Galeren bis zu den Säulen des Herkules, um die seltensten Fische aufzusuchen, womit er seine ungeheure Schüssel füllte. Nach Arbuthnot's Berechnung, kostete ihm diese 765,625 Pfund Sterling. S. Sueton. in Vitellio, c. 13. Dr. *Arbuthnot's* Tables p. 138.

den Gebeten beim Homer, welche immerfort im Gefolge der Ungerechtigkeit die Erde durchziehen, um die Wuth dieser grausamen Gottheit zu besänftigen. *)

Hier hat man einige Bemerkungen, die mir über die verschiedne Anwendung der schönen Wissenschaften gründlich zu seyn schienen. Glücklich, wenn ich dadurch den Geschmack an ihnen befördern könnte! Ich würde eine allzu gute Meinung von mir selbst haben, wenn ich die Mängel dieses Versuchs nicht fühlte; aber auch eine allzu schlechte, wenn ich nicht hoffe, in minder unreifen Jahren, und mit ausgebreitetern Kenntnissen, im Stande zu seyn, diesen Mängeln abzuhelfen. Man wird vielleicht sagen, daß diese Bemerkungen zwar wahr, aber alltäglich, oder daß sie zwar neu, aber paradox sind. Welcher Schriftsteller liebt die Kritiken? Indeß scheint mir die erste doch noch die leidlichste zu seyn. Der Vortheil der Kunst liegt mir mehr am Herzen, als der Ruhm des Künstlers.

*) Μετοπισθ' ατης αλεγυσι κεσαι.

Homer. Iliad. L. IX., v. 500.

Inhalt.

Inhalt.

	Pag.
Begrif der Gelehrtengeschichte	1
Wiederherstellung der schönen Literatur. Geschmack an derselben	4
Man trieb ihn zu weit	6
Wann er gründlicher wurde	6
Verfal der schönen Literatur	7
Große Männer, die Literatoren waren	9
Literatoren, die große Männer waren	11
Der Geschmack. Drei Quellen der Schönheiten	12
Künstliche Bilder	13
Die Sitten der Alten begünstigten die Poesie; in der Kriegskunst	14
In der Politik	15
In der Religion	16
Mittel, die Schönheiten zu empfinden	17
Künstliche Bilder hängen von der Ruhmbegierde ab	19
Und von der Natur des Inhalts	20
Kunst Virgil's	23
Das Gedicht vom Landbau	24
Die Veteranen	25
Sein glücklicher Erfolg	30
Die Kritik. Idee von der Kritik	31
Materialien des Kunstrichters	33
Verfahrungsart des Kunstrichters	34
Die Kritik ist eine gute Logik	35
Vertrag zwischen Rom und Karthage	36
Erläuterung dieses Vertrages	37
Die Konsulon	37
Die Unterthanen der Römer	38

Inhalt.

	pag.
Ihre Seemacht	40
Bemerkungen über diese Streitigkeit	42
Die Kritik ist Uebung, aber nicht mechanische Geläufigkeit	42
Darf sich der Dichter von der Geschichte entfernen?	44
Das Gesetz, und der Grund des Gesetzes. Beispiel Virgil's	44
Erläuterungen und Einschränkungen	47
Die natürlichen Wissenschaften	49
Verbindung der Naturkunde und der Litteratur	53
Vorzüge der Alten. Schauspiele des Amphitheaters	55
Länder, wo die alten Naturforscher die Natur studirten	57
Großbritannien vom Weltmeer überschwemmt	58
Ansprüche des philosophischen Geistes	60
Was er nicht ist	60
Was er ist	61
Hülfe, welche ihm die Litteratur leisten kann	63
Vorzüge kleiner Züge. Unterschied der Tugend und des Lasters	70
Vergleichung des Tacitus und Titus Livius	73
Bemerkung über einen Gedanken des Hrn. d'Alembert	75
Man hat die Menschen zu systematisch oder zu eigensinnig gemacht	76
Allgemeine, aber bestimmte Ursachen	77
System des Heidenthums	79
Schwierigkeit, eine Religion zu kennen	79
Die Vernunftschlüsse helfen uns hier nicht	81
Gedanke über den gegenseitigen Dienst der heidnischen Sekten	82
Krösus schickt nach Delphi	82

Alexan-

Inhalt.

	pag.
Alexander befragt das Orakel des Jupiter Ammon	82
Die griechische Religion war ursprünglich ägyptisch	83
Die Verehrung der Heroen.	84
System des Ephemerus	86
Es wurde erst unter den römischen Kaisern herrschend	90
Kettenfolge der Irrthümer	90
Dunkle Gefühle des Wilden	91
Er betet alles an, was er sieht	92
Warum?	92
Er verbindet Begriffe, und vervielfältigt seine Götter	93
Folge seiner Verbindungen der Begriffe	94
Geschlechtsfolge und Hierarchie der Götter	96
Götter des menschlichen Lebens	97
System der Freiheit und der Nothwendigkeit	97
Die Alten nahmen das letztere an	98
Verbindung der beiden Arten von Göttern	99
Die Götter haben menschliche Leidenschaften	100
Sie ertheilten gewisse Vorzüge	101
Ihre Schwistigkeiten	102
Sie haben die menschliche Bildung	103
Allgemeine Vorfälle	104
Mischung der Ursachen bei einzelnen Vorfällen	104
Ihre Ursachen	106
Die nämliche Handlung als Ursache und Wirkung	108
Die Wissenschaften entstehen nicht aus dem Luxus	108
Schluß	109

Gedruckt bey Nicolaus Conrad Wörmer.

www.ingramcontent.com/pod-product-compliance
Lightning Source LLC
Chambersburg PA
CBHW031324160426
43196CB00007B/656